Futuro incierto de La Gran Colombia

Futuro incierto de La Gran Colombia

Pericles Pérez
Bogotá, Colombia

Número de Control de la Biblioteca del Congreso de EE. UU.:		2014912704
ISBN:	Tapa Dura	978-1-4633-8866-9
	Tapa Blanda	978-1-4633-8865-2
	Libro Electrónico	978-1-4633-8864-5

Para realizar pedidos de este libro, contacte con:
Palibrio LLC
1663 Liberty Drive
Suite 200
Bloomington, IN 47403
Gratis desde EE. UU. al 877.407.5847
Gratis desde México al 01.800.288.2243
Gratis desde España al 900.866.949
Desde otro país al +1.812.671.9757
Fax: 01.812.355.1576
ventas@palibrio.com
619395

Tabla De Contenido

DEDICATORIA

A mi esposa, hijos y nietos

INTRODUCCION

Al observar detenidamente lo que está aconteciendo en Colombia, se considera conveniente escribir unas pautas que pudieran servir inicialmente para la modernización administrativa del Estado Colombiano. Quizás los ciudadanos colombianos al leer este libro y analizarlo cuidadosamente, reaccionen favorable y oportunamente a sacar el país del empantanamiento administrativo en que se encuentra actuando correcta y prontamente, ayudando a enderezar el rumbo que está tomando, para evitar su posible destrucción como Estado. Es urgente que el pueblo colombiano tome conciencia y conozca que el Estado Colombiano no sobrevivirá mucho tiempo si no se le coloca en el derrotero correcto de estabilidad. Para el éxito de ésta maniobra es esencial la colaboración de cada uno de sus ciudadanos.

Las instituciones gubernamentales colombianas presentan grandes debilidades administrativas, las cuales deben ser subsanadas con su ayuda lo antes posible. Los ciudadanos colombianos han demostrado recientemente su rechazo a prácticas contra la ética y los intereses del Estado de algunos miembros de la presente clase dirigente, igualmente de algunas barajas de los partidos políticos actuales.

El pueblo colombiano es bastante tranquilo y flexible, sin embargo es bastante emotivo y presenta expresiones de protesta fuerte y generalizada que en determinado momento pueden llegar a poner en peligro la estabilidad del país. Estamos en una época muy parecida a la pre-independencia con problemas tanto internos (Impuestos desproporcionados, corrupción, inseguridad, impunidad, bandas criminales, subversión, contrabando, narcotráfico entre otros) como externos (problemas de límites con Nicaragua y Venezuela). Es absolutamente necesario iniciar un cambio generacional de la clase política y un cambio drástico en la conducta, ética y profesionalismo de quienes ocupen cargos públicos ya sea nombrados o elegidos. De lo contrario las consecuencias serán funestas.

El país tiene una clase política que data desde la independencia con generaciones de hijos, nietos, bisnietos y tataranietos que no dejan los cargos oficiales a las nuevas generaciones exceptuando los miembros de su clan familiar o de los amigos cercanos. La misma clase está diseminada en casi todos los estamentos del Estado, congreso, concejos, asambleas, ministerios, embajadas, etc. apoyados por el clientelismo. La mayoría de los soportadores lo hacen por necesidades de supervivencia. Los casos de corrupción en casi todas las dependencias mayores del Estado son rampantes (congreso, cortes, concejos, alcaldías, etc.). Por situaciones similares y quizás otras razones adicionales se registraron cambios en países del área latinoamericana. Varios casos en el área hablan por sí solos.

Estos grupos se han mantenido en el poder por los votos permanentes que ellos controlan en todo el territorio y por la falta de interés del 52% en promedio de colombianos que no votan incumpliendo con sus deberes y derechos como ciudadanos.

Varias regiones del país han sido olvidadas por las administraciones del Estado y sus desarrollos son mínimos o casi nulos (vías de comunicación, educación, salud, etc.). Entre estas regiones se pueden enumerar, Chocó, La Guajira, Norte de Santander, Arauca, Caquetá, Putumayo, Nariño y Cauca. En estos departamentos están los mayores sembradíos de coca y marihuana. La subversión ha solicitado crear áreas de protección campesina, lo cual viene a ser como Repúblicas Independientes dentro del Estado. Es probable que en el futuro cercano con ayuda de la ONU, por influencia de la subversión, de otros intereses y por sentirse abandonados, estos territorios tomen la determinación de separarse de Colombia, anexarse o constituirse Estados independientes ayudados por los vecinos que verían con buenos ojos ese desmembramiento.

Desde que se formó la Gran Colombia en 1820 hasta la fecha, se ha perdido más de la mitad (sin incluir el área de litigio con Nicaragua) del territorio inicial a saber: Venezuela (1830), Ecuador (1830), Panamá (1903) y estamos pronto a perder 75,000 kilómetros cuadrados de mar territorial en el archipiélago de San Andrés. Además se tiene un litigio pendiente con Venezuela por los lados del lago de Maracaibo. El territorio colombiano está acercándose al borde de la desintegración.

En las elecciones de 2014 los candidatos a las colegiaturas fueron los mismos de siempre. En las elecciones de 2018 para presidente y demás corporaciones públicas, usted probablemente tendrá las siguientes escogencias: a) Votar por los mismos que están en el poder desde hace más de 200 años; b) Votar por la izquierda, la cual posiblemente implantaría en Colombia un sistema parecido al de Venezuela, Cuba o la Unión Soviética que fracasó a finales del siglo XX y c) Votar por gente nueva, sin nexos con los corruptos, pero si aprovechando la experiencia de la presente clase política que sea honesta, intelectualmente preparada y con ánimos de sacar el país adelante con un sistema nuevo. Estos podrían quizás combinar lo mejor de a y b, sin ir a los extremos. Los sistemas de extrema izquierda y derecha son incompatibles con un Estado moderno. Piense bien, libérese del pasado político, escoja cuidadosamente, decídase y vote, que su voto es extremadamente importante para el futuro del país. De todas formas la escogencia es suya y vote por quien crea que hará sentir mejor en el futuro a Usted y su familia.

Por lo demás, este ensayo, presenta unas pautas que deben ser estudiadas, ampliadas, analizadas y aplicadas correctamente, para colocar al Estado Colombiano en el camino de una democracia participativa más estable con instituciones más sólidas y en el comienzo de la senda hacia el desarrollo social e industrial.

OBJETIVO

El presente ensayo presenta un breve recuento, sin entrar en detalles de los hechos más significativos que han acontecido en el pasado basado en documentos de respetables historiadores y analistas políticos hasta tiempos recientes en el territorio colombiano y sus consecuencias. Igualmente se presenta la actualidad colombiana, la problemática nacional, lo que se capta en el ambiente y unas recomendaciones para que se analicen, estudien cuidadosamente y se apliquen sus resultados de la mejor forma posible para apoyar o evitar posibles cambios que podrían sucederse, si no se hacen las correcciones necesarias, en un tiempo prudencial. El ensayo se ha dividido en once capítulos que comprenden la parte histórica y la vida actual colombiana los cuales se describen a continuación:

I)   ¿Quiénes y cuántos son los colombianos?

II)   Nativos precolombinos.

III)   Descubrimiento de América

IV)   Época de la Colonia durante los años 1551 y 1700

V)   Antecedentes de la Independencia de la Nueva Granada

VI)   La Independencia de la Nueva Granada

VII)   Colombia en el siglo XX

VIII)   Actualidad Colombiana.

IX)   ¿A dónde se quiere llegar?

X)   a) Recomendaciones Generales:

b)   Enmiendas propuestas a la Constitución vigente.

XI)   Consultas. El referendo

PRIMERA PARTE

QUIENES Y CUANTOS SON LOS COLOMBIANOS.

El censo es un ejercicio muy importante en el desarrollo de un país. Cada país efectúa en su territorio censos periódicos, normalmente cada diez años para conocer las características de su población, el desarrollo obtenido en años previos y conocer sus principales necesidades. Basado en los datos obtenidos de este ejercicio, los gobiernos hacen planes para solucionar los problemas más apremiantes como educación, salud, empleo, vivienda, servicios, comunicaciones y vías entre otros. Así, los gobiernos pueden mejorar la planeación y el desarrollo del país en todos los aspectos. En Colombia la institución encargada de este ejercicio es el DANE. Este organismo gubernamental, prepara reportes periódicos de índices de desarrollo del país en varios segmentos de la economía.

"El censo del año 2005 realizado por El Departamento Administrativo Nacional de Estadística de Colombia (DANE) encontró que la población total colombiana era de 41'468.384 distribuidos así: 20'336.117 hombres y 21'132.267 mujeres. El 69.7% vivía en casa, el 24.8% en apartamento y el 5.5% en cuarto u otro. Así mismo el 93.6% contaba con el servicio de energía eléctrica, 73.1% alcantarillado, 83.4% acueducto, 40.4% gas natural y 53.7% teléfono.

En cuanto a educación de residentes en Colombia se muestran los siguientes datos: el 37.2% ha alcanzado el nivel básico primario, 31.8% secundaria y 11.9% profesional y posgrado. El 10.2 % es el volumen sin ningún estudio.

De otro lado se puede observar que la población en la parte económica estaba distribuida de la siguiente manera: 10.6% industria, 49.9% comercio, 32.6% servicios y 6.8% otras actividades.

Referente a la composición de la población se tienen los siguientes datos: 10.5% se reconoce como: negro, mulato, afrocolombiano o afro descendiente". <6>.

No se censaron la cantidad de individuos pertenecientes a las otras etnias. De otro lado se considera que el 3.5% son amerindios, 58% mestizos y 28% blancos principalmente de origen español, completan las etnias colombianas. Los afro descendientes se encuentran principalmente en Chocó, Cauca, valle del Cauca y la costa atlántica. Los amerindios, forman un grupo étnico considerable en los siguientes departamentos: Vaupés, Guainía, Vichada, Amazonas, Cauca y Putumayo. El gran volumen de mestizaje en Colombia, se debe a que a comienzos de la colonia, los hombres fueron quienes primero emigraron a América. De esta forma los mestizajes fueron principalmente entre españoles, indígenas y afro descendientes. Haciendo la extrapolación, se encuentra que en el año 2014 habrá una población de aproximadamente 48'000.000.

¿Dónde está localizada Colombia?

Colombia está localizada en la parte noroccidente de Sur América. Tiene un área de 1´141.441 kilómetros cuadrados. Tiene límites por tierra con Ecuador, Perú, Brasil, Venezuela, Panamá y Ecuador. También tiene fronteras marítimas con Ecuador, Panamá y Costa Rica en el Pacífico y con Venezuela, República Dominicana, Haití, Jamaica, Honduras, Nicaragua, Panamá y Costa Rica en el Atlántico. Es el único país de Sur América que tiene costa en ambos lados del continente. Con costas de 1300 kilómetros con el Océano Pacífico en el oeste y 1600 kilómetros aproximadamente con el Océano Atlántico en el norte.

Debido a la localización en la parte tropical, las variedades de vegetación y climas del territorio colombiano, allí se encuentra una de las faunas más ricas del mundo.

En el congreso de Angostura en 1819, el libertador Simón Bolívar sugirió darle el nombre de Colombia en honor al descubridor de América Cristóbal Colón.

Bogotá, situada a 2640 metros sobre el nivel del mar es la capital de la República. Tiene una población aproximada de 8´000.000 millones. El idioma oficial es el español. La moneda colombiana es el peso.

Principales ciudades: Bogotá, Medellín, Cali, Barranquilla, Cúcuta, Bucaramanga, Cartagena, Santa Marta, Manizales, Pereira, Popayán y Pasto.

Principales islas: San Andrés y Providencia, Malpelo y Gorgona

Principales picos: Pico San Cristóbal (5775 m); Sierra Nevada del Cocuy (5493 m); Nevado del Huila (5365 m); Nevado del Ruiz (5321 m)".

Principales ríos: Magdalena (1550 Km. de longitud), nace en el Páramo de la Papas y atraviesa el país de sur a norte y desemboca en el Mar Caribe. San Juan (378 Km. de longitud), nace en el Cerro de Caramanta (cordillera occidental) y desemboca en el Océano Pacífico. Atrato (750 Km. de longitud) nace en el Cerro de Caramanta y desemboca en el Golfo de Urabá. Cauca (1015 Km. de longitud), nace en La Laguna del Buey en el macizo colombiano y desemboca en el rio Magdalena. Caquetá (2280 km. de longitud), nace en el Páramo de Letrero en el macizo colombiano, fluye hacia el sur y se entra en Brasil. Putumayo (1813 Km. de longitud), nace en el Nudo de los Pastos y desemboca en el rio Amazonas.

Colombia es un territorio localizado en las montañas Andinas. La mayoría de la población se encuentra en las mesetas andinas, que constituye el 40% del territorio nacional. Debido a su relieve, se pueden registrar climas variados en su área desde áreas con temperaturas bien bajas, con nieve permanente (Nevado del Cocuy, Nevado del Ruiz, Sierra Nevada de Santa Marta), hasta zonas calientes a nivel del mar. Las áreas que sobresalen son: la llanura litoral del Pacífico, las cordilleras andinas y valles intermedios, la región septentrional (costa del Caribe) y las llanuras orientales. El área del Pacífico en su parte meridional, es una estrecha llanura litoral que corre al pie de los Andes.

Al noroccidente se encuentra la región del Chocó de clima tropical, es uno de los lugares más húmedos del mundo con fuertes precipitaciones y dominio de la selva. Su aislamiento con el resto del país a causa de la gran muralla de los Andes Occidentales, es el motivo básico de su escasa población.

En el departamento de Nariño, la cordillera de los Andes se divide en dos ramas. La occidental que corre paralela al océano pacífico y la central con dirección noreste. Más hacia el norte en el área del parque San Agustín, la cordillera central se subdivide en dos: La central y la oriental propiamente dicha. Las cordilleras andinas, ramificadas en tres alineaciones separadas por los valles de los ríos Cauca y Magdalena, se dividen en tres subregiones. La Cordillera Occidental y el valle del Cauca. La Cordillera Occidental, la menos elevada de las tres alineaciones (2000-3000 m de altitud media), tiene sus vertientes cubiertas de bosque tropical y está casi deshabitada.

La subregión andina está constituida por la Cordillera Central, la más elevada de los Andes colombianos, con picos de altitud que superan los 5000 m. Por encima de los 3500 m imperan las nieves perpetuas. En los últimos años debido al calentamiento global parte de los glaciares se han ido perdiendo. Esta cordillera cubre áreas ricas en minerales y es una fuente de riqueza en agricultura.

La Cordillera Oriental y el valle del Magdalena. Es la cordillera más larga y compleja de las tres alineaciones andinas; desde el nudo de Pasto, punto de confluencia de éstas, se extiende hacia el norte y, a la altura en que las otras dos cordilleras descienden hacia el llano, se bifurca en dos brazos, penetrando uno de ellos en Venezuela, mientras que el otro se prolonga hasta el mar en la sierra del Perijá.

Los llanos que constituyen el 60% del territorio colombiano, están repartidos entre la cuenca del Orinoco (400,000 km cuadrados) y del Amazonas (270,000 km cuadrados); en la primera la vegetación es la sabana y constituye un área ganadera que se ha ido ampliando y se prolonga en los grandes Llanos de Venezuela; en la Amazonía colombiana predominaba la selva virgen, sin embargo los cultivos han ido tomando parte de este territorio. La población en estas regiones es poca".

Principales exportaciones: Café, Petróleo, Carbón, Banano, Flores, Esmeraldas, Oro, Carne de res.

Principales Importaciones: Productos refinados del petróleo, maquinaria, vehículos, computadores, abonos minerales, medicamentos, etc. Esto indica que Colombia no es un país industrializado.

DISTRIBUCIÓN DE LOS INDÍGENAS EN COLOMBIA. En los departamentos de la costa norte se encuentran principalmente los siguientes grupos indígenas o étnias: Los Arhuaco, Kogui, Wayuu. En el noroccidente: Embera, Embera katío, Senú y Tule. En el nororiente Bari, Guanes, Chiricoa, Kuiba y Piakopo. En el centro del país: Muisca, Coyaima, Nasa, Uitoto, I´wa, Inga y Embera. En el sur: Kofán, Coconuco, Guambiano, Inga Embera y Uitoto. En el sur oriente. Kurripaco, Bara, Andoke, Yagua, Guayabero y Matapi entre otros. Existen otros grupos minoritarios que no han sido nombrados anteriormente.

En todo el país existen 796 resguardos localizados en 234 municipios. La población indígena está concentrada mayormente en los siguientes departamentos: Cauca, La Guajira, Nariño, Caldas, Cesar, Chocó, Córdoba, Putumayo, Tolima, Vichada y Amazonas. Una población de aproximadamente un millón cien mil. <7>.

SEGUNDA PARTE

NATIVOS PRECOLOMBINOS

ORIGEN DE LA HUMANIDAD. Mucho se ha escrito y discutido acerca del origen del hombre. Sin embargo es un enigma difícil de esclarecer. Existen varias teorías, unas de carácter científico y otras cuyas hipótesis no han sido comprobadas, cada una de ellas con sus respectivas fuentes de diferente índole.

Unas teorías indican que el hombre vino del mar, otras que el origen es extraterrestre, igualmente que del desarrollo de los simios y la de origen religiosa que dice que un ser superior puso el hombre en la tierra, etc. Un conjunto de descubrimientos arqueológicos y geológicos dan pie a plantear teorías como la de Darwin publicada a mediados del siglo XIX.

Se cree que al final de la era terciaria (la cual comenzó hace 65 millones de años A.C. y durante el cual se efectuaron los plegamientos de las cordilleras Alpes, Andes e Himalaya) se efectuó la separación de los primates y los homínidos, los cuales caminaban en dos pies. En África Central se han encontrado restos de homínidos, similares a los encontrados en Kenia y Etiopía. Se les calcula unos siete (7) millones de años A.C. Otros homínidos se han encontrado en el norte de Kenia (África Oriental) y cuya edad se estima en algo superior a cuatro (4) millones de años A.C. Estos homínidos es muy probable que sean los antepasados de los Autrolopitecus Afarensis, los cuales se encuentran entre los cuatro (4) y 2.5 millones de años A.C.

Más adelante vienen los Homo. El homo habilis tiene una antigüedad entre 2.5 y 1.6 millones de años A.C. Su capacidad craneal era más pequeña que el de los homos erectus. Aparentemente son los primeros en construir herramientas de piedra y se cree que fueron cazadores. Luego aparece el homo erectus hace unos 1.8 millones de años A.C. cuya capacidad craneal era de alrededor de 1000 CC. Estos eran definitivamente cazadores.

El hombre de Neandertal, habitó Europa y parte de Asia occidental desde los 230,000 a los 29,000 años A.C. y cuya capacidad craneal era de 1500 cc, parece estar emparentados con los homos erectus de Europa.

En recientes estudios del ADN hacen concluir que los humanos vivieron en África antes que en otros continentes. Los sapiens sapiens (quienes son los antepasados de los hombres actuales, los cuales tenían una capacidad craneal de aproximadamente 1350 cc) viajaron a Europa unos 40,000 años A.C. y a Australia entre 50,000 y 40,000 años A.C. Más adelante viajaron a América.

De esta forma podemos concluir que el pueblo precolombino estaba compuesto de personas venidas de Asia, Oceanía y África.

INDÍGENAS COLOMBIANOS. Todo grupo humano trata de emigrar a diferentes sitios para mejorar sus sistemas de vida, alimentación o asuntos de seguridad entre otros. Hubo migraciones hacia el territorio colombiano entre los años 15,000 y 10,000 antes de nuestro tiempo. Se han encontrado rastros de asentamientos humanos en diferentes partes del país. Estos inmigrantes eran cazadores y recolectores nómadas que se alimentaban de los grandes animales que existieron en esa época.

Durante el último período glacial llamado Wisconsin, el cual comenzó hace 110,000 años y se acabó hace 10,000 años, se cree que los humanos con sus animales utilizaron el puente creado en el estrecho de Bearing de aproximadamente 75 kilómetros de anchura entre los continentes europeo y americano para cruzar hacia América. También se cree que hubo migraciones entre Australia y las islas Polinesias hacia sur américa, siguiendo el camino por la Antártida, la Isla de Pascua y el sur del continente.

Existen estudios que correlacionan propiamente las culturas asiáticas y australianas con los nativos americanos. Por otro lado los restos humanos más antiguos se han encontrado en África, lo cual indica que el ser humano estuvo inicialmente en el continente Africano. El esqueleto humano más antiguo encontrado en Colombia en el área del Tequendama, data de siete milenios antes de nuestra era. En otras partes de Cundinamarca se han encontrado restos de animales que tiene un edad de 9,000 años aproximadamente. En varias partes de Colombia se han encontrado artefactos de civilizaciones pasadas que datan entre 12,000 a 3,000 años AC.

Los historiadores creen que el maíz del cual existen seis variedades fue inicialmente cultivado en el Valle de Tehuacán en México. Algunas variedades también se cultivaban en Perú. Se han encontrado mazorcas en cuevas usadas por primitivos pobladores de México que datan de 5,000 años. Su cultivo se fue extendiendo a otras áreas desde el año 2500 AC. La cultura Momil, en el bajo Sinú fue la primera en cultivar el maíz en Colombia. El cultivo de maíz más antiguo en Colombia se registra en el altiplano cundiboyacense.

Los Muiscas de la familia comúnmente llamada Chibcha, con tradición nomadista y sedentarista, emigró hacia la altiplanicie cundiboyacense entre los años 5,000 a 1,000 AC. Después del año 1,500 AC llegaron otras tribus con tradiciones agrarias y artesanales.

ETAPAS DE POBLAMIENTO. La posición geográfica de Colombia es clave para descifrar y registrar las migraciones humanas. Colombia tiene dos océanos y ríos importantes como el Magdalena, El Cauca, El Meta, El Amazona, El Guaviare, etc., que comunican las costas con el interior del país. El territorio es un paso obligado para las migraciones tanto del norte como del sur. Todos los grupos de emigrantes dejaron honda huella de sus costumbres y elementos que rutinariamente usaban.

En la sabana de Bogotá se han encontrado rastros de civilizaciones que ocuparon esa área hace más de doce mil años. Posiblemente los pre-Olmecas por los años 500 AC estuvieron en la zona del Pacífico y que estuvieron relacionados con la cultura Tumaco. Los descendientes de los quechuas estuvieron en el sur del país a finales del siglo XV.

A la llegada de los españoles a Colombia las culturas más avanzadas eran los Muiscas y los Tairona de la Sierra Nevada de Santa Marta. Los primeros estaban organizados en dos confederaciones: la de Hunza, cuyo soberano era el Zaque y la de Bacatá, cuyo soberano era El Zipa. Como la mayoría de las civilizaciones histórica, los soberanos muiscas eran asesorados por un Consejo de Ancianos, que se entiende eran las personas sabias del área.

El muisca, uno de los principales dialectos chibchas, se hablaba en Cundinamarca y Boyacá en la época de la colonia. Varios de estos dialectos chibchas se encontraron en centro américa y se perpetraron en Colombia. Se encuentran grupos de lengua chibcha en el putumayo (los Kofanes), Arahuacos y Cunas en el norte del país y en los llanos orientales. La palabra chibcha quiere decir hombre del báculo, refiriéndose a un jefe o deidad.

Religión. Los chibchas tenían varios dioses, sin embargo adoraban al sol que denominaban "Sua" y a su esposa la luna denominada "Chia". Bochica era venerado por todos los chibchas, era el Dios de los caciques y capitanes y Chibchacun de los mercaderes y labradores.

Las regulaciones eran estrictas, a los mentirosos, ladrones y asesinos se les aplicaba la pena de muerte.

Los chibchas eran principalmente agricultores, tenían buenas tierras, el clima donde vivían era saludable, lo cual los hizo sedentarios. Cultivaban papa, maíz, ají, fríjoles, guayabas, aguacates, piñas, algodón yuca y tabaco.

La organización era familiar y los jefes podían tener varias esposas. Tenían seis diferentes niveles en la organización. En el primer nivel se encontraban los sacerdotes y en el sexto los esclavos que generalmente eran prisioneros de guerra que se utilizaban en los sacrificios a los dioses.

Los indígenas eran inteligentes y corajudos, de una altura media, acuerpados, de pelo negro, nariz corta de dientes grandes y pómulos salientes.

El oro lo adquirían por medio del trueque para utilizarlo en aretes, tunjos y otros adornos personales.

Los kogis. Son los descendientes de los Taironas y viven en el área de la Sierra Nevada de Santa Marta. Tienen la creencia que sus antepasados vinieron por el mar procedentes de un lugar lejano. Es probable que se mezclaran con otros grupos a la llegada al continente. El maíz, los frijoles, la yuca y otros frutos son la base de su alimentación. Eran excelentes ceramistas y orfebres. Ellos no son cazadores ni nómadas, han vivido en la misma área por más de 1000 años. Los kogis son una raza pacífica y se han mantenido básicamente aislados de los otros grupos.

TERCERA PARTE

DESCUBRIMIENTO DE AMERICA.

Desde tiempos de la Antigüedad se tiene noticia que los filósofos, matemáticos y especialmente los astrónomos griegos deseaban saber acerca del universo, sus medidas, formas, distancias, movimientos etc. El filósofo griego Aristóteles (384-322 BC) hablaba de que la tierra era el centro del universo y que las estrellas, el sol y la luna giraban en círculos alrededor de esta. Esta teoría llevaba a conclusiones en parte verdaderas y en parte falsas. Se deducía que la tierra debería tener forma esférica, pero también que la tierra permanecía inmóvil en el centro del universo.

Se sabe que el matemático Aristarchus de Samos (310-230 BC) calculó la distancia de la tierra a la luna y al sol. Sus cálculos comparados con los realizados en el siglo XXI no coinciden y están bastante distanciados. Sin embargo, lo importante es que trató de hallar unas respuestas a sus incógnitas. Igualmente el astrónomo y filósofo griego Heraclites Póntico (390-310 BC) planteo que las estrellas estaban fijas y que Mercurio y Venus giraban alrededor del sol y este alrededor de la tierra.

El astrónomo y matemático griego Aristarco de Samos (310-230 BC) planteó la teoría que las estrellas y el sol estaban fijas y la tierra se movía alrededor del sol. Desafortunadamente, la mayoría de los documentos valiosos de la antigüedad que posaban en la biblioteca de Alejandría desaparecieron en el incendio de esta en el año 48 BC y posteriores saqueos por parte de musulmanes y cristianos.

Los grandes acontecimientos se suceden casi al mismo tiempo. Los grandes desarrollos y conquistas de la humanidad van siempre de la mano con los desarrollos científicos. Cuando se acababa de descubrir el continente americano, el astrónomo Nicolás Copérnico (1473-1543) de Polonia, daba a la luz pública el modelo heliocéntrico del universo. Copérnico concluía que la tierra tenía tres movimientos a saber: La rotación sobre su mismo eje, la rotación anual y la inclinación de su eje; el centro del universo se encuentra cerca del sol y las estrellas orbitan alrededor del sol entre ellas la tierra, la luna, mercurio marte, venus Saturno y júpiter.

Debido al poder político de la iglesia y la posible reacción de esta, al contradecirle parte de sus dogmas vigentes en la época, Copérnico decidió mantener el resultado de sus investigaciones en privado para evitarse controversias. El mismo día de su muerte, Copérnico vio copia del libro titulado "La revolución de los cuerpos celestiales" en el cual se publicaban sus investigaciones.

Para la época, sus investigaciones y resultados eran de alto nivel científico y pocos lo podían entender. Por esta razón el libro no causó controversias. Pero los buenos resultados publicados oportunamente generalmente no se quedan en los anaqueles de libros. Los hombres de ciencia, activos e inquietos intelectualmente como Kepler y Galileo disfrutaron las teorías expuestas en el libro. Estos dos científicos se apoyaron en las enseñanzas de Copérnico y le corrigieron algunos errores, continuando con sus investigaciones, en las cuales se basa la astronomía moderna.

El astrónomo Johannes Kepler (1571-1630) publicó las leyes del movimiento planetario. En su época, los planetas conocidos eran aquellos que se podían a simple vista sin la ayuda de ningún instrumento, tales como La Tierra, La Luna, Mercurio, Júpiter, Marte y Saturno.

La tercera ley de Kepler se usó para calcular la distancia de cualquier planeta conocido al sol. Se necesitaba conocer cierta información, como la distancia de algún planeta al sol y el tiempo que toma para el planeta de darle la vuelta al sol. En esa época se conocía la distancia de la tierra al sol. Con el tiempo la tercera ley de Kepler se usó más adelante para calcular la distancia de los planetas descubiertos en tiempos posteriores al sol.

El telescopio se convirtió en una ayuda de observación para los astrónomos en el año 1610. Galileo Galilei, astrónomo, matemático, ingeniero, filósofo y físico italiano creó varios telescopios a partir de 1606, unos con mejores resultados que otros. Galileo descubrió que Venus rotaba alrededor del sol.

Johannes Bode (1747-1826). Matemático, geógrafo y astrónomo alemán. Un científico muy observador y trabajador. En 1766 el astrónomo alemán J. Titius expuso su hipótesis que decía: Los cuerpos en un sistema orbital, incluyendo el sistema solar, la orbita de los semiejes mayores, se define por una secuencia numérica específica. Bode en 1772 mostró algo interesante acerca de la distancia entre planetas. El mostró que había una relación matemática interesante en las distancias al sol. Esta relación había sido descubierta por el astrónomo alemán J. Titius un poco tiempo antes. Se llamó ley de Bode, porque fue el quien atrajo la atención de los astrónomos. Esta hipótesis ha sido comprobada.

Sin embargo, la tercera ley de Kepler produce unas medidas más verdaderas y se usa para cálculos exactos para todos los planetas.

EL SIGLO XV Y SUS DESCUBRIMIENTOS GEOGRÁFICOS.

Todo hace indicar que Cristóbal Colón estuvo trabajando con los navegantes de Groenlandia y sabía de los viajes de estos hasta las costas de América. De esta forma Colón, tenía bastante información acerca de que al navegar hacia el occidente encontraría tierra firme, probablemente la India con lo cual podría obtener fabulosas ganancias económicas. Por ello, Colón trataba de obtener un apoyo en las cortes europeas para efectuar este viaje. Estaba tan seguro del éxito de su viaje que incluso no vaciló en prestar dinero para sufragar parte de los costos de la operación. Los hermanos Pinzón, igualmente navegantes, negociantes, pudientes y quienes estaban actualizados de los movimientos náuticos de la época, no dudaron en participar física y económicamente en la ventura junto con Colón y la reina Isabel.

ASPECTOS RELIGIOSOS: Las religiones han ido cambiando las costumbres y conductas de los humanos en diferentes partes del mundo a medida que se propagan. El advenimiento del Islam por los años 610 D.C. trajo un cambio radical en el medio y lejano oriente así como en áfrica. Los misioneros viajaban hacia tierras lejanas, China y Japón para hacer proselitismo, al mismo tiempo que hacer relaciones públicas y naturalmente los negocios estaban de por medio. Los misioneros iban acompañados de amigos, letrados y comerciantes. Los Orientales eran buenos anfitriones y los visitantes eran tratados con vehemencia por los locales. Ellos, también pensaban en hacer negocios e intercambios que los podían favorecer. Se tenía como referencia los viajes de Marco Polo (Navegante Veneciano: 1254-1324) narradas en su libro.

Los viajes de los árabes, no estaban narrados en libros, la mayoría de la información que se conocía era transmitida verbalmente en las reuniones o en los lugares donde se cruzaban por casualidad o por navegantes que habían realizado los viajes en las diferentes épocas. Las experiencias de los viajes por el Mar Rojo, como por el Atlántico eran compartidas ´por los lobos del mar.

Aparentemente la información que los árabes pasaban a occidentales era muy restringida, por cuestiones políticas y económicas. El interior de áfrica, como sus ríos, El Nilo, El Congo, etc., era básicamente un mito por los años 1200 A.C. Se crearon fábulas y mitos acerca de las diferentes áreas de áfrica.

Los navegantes hablaban de los lujos y riquezas del lejano oriente, de sus sedas, especies, y costumbres, así como de los encantos de las mujeres orientales que se conmensuraban con las riquezas naturales de los territorios.

Estas historias de los navegantes promovieron los viajes del siglo XV. Al Atlántico se le llamaba el Tenebroso, pero era interesante por algunas islas legendarias. Las Canarias ya eran nombradas por los griegos y romanos. Otras islas como las Azores y Madera aparecen con los mismos nombres en los mapas genoveses y catalanes del siglo XIV. Es por ello que no se sabe si estas islas eran parte ya conocida en la época o se les colocó el mismo nombre que aparecía en los mapas.

GROENLANDIA. Es considerada la isla más grande del mundo. Está localizada al nororiente de América del norte entre el Océano Atlántico y el Océano Glacial Ártico. La mayor parte de la superficie está cubierta de hielo durante casi todo el año. Su nombre se deriva del color verde que toma la costa que queda libre de hielo durante el verano.

Los escandinavos han sido grandes navegantes y se tiene documentados que ellos hicieron viajes a Groenlandia durante el siglo X. En el siglo XI había granjas, monasterios e iglesias debidamente conformadas. La mayoría de los alimentos tenían que ser importados.

El hijo de Eriko el Rojo, explotó la costa del Labrador y la de América. Las noticias eran que existían grandes árboles y el clima más suave que el de Groenlandia. Con estas documentaciones se confirma que los escandinavos estuvieron en las costas de América desde comienzos del siglo XI.

Teniendo en cuenta que la mayor parte de la comida tenía que ser importada para la supervivencia de los habitantes de Groenlandia, se confirma de esta manera que los escandinavos efectuaban viajes rutinarios para satisfacer las necesidades de los habitantes de la isla.

LA IBÉRICA. A la muerte de Enrique IV, la sucesión al trono causó traumatismos en la península Ibérica. Los partidarios de Juana hija legítima de Enrique IV e Isabel de Castilla. Las cortes, la iglesia y los nobles, estaban divididos y los apoyos a la sucesora al trono no se pudieron arreglar pacíficamente. Fue necesario acudir a las armas y finalmente hubo un arreglo para poner la casa en orden. En 1479 se firmó el tratado de Alcacovas, poniendo punto final al litigio. Este tratado reanudaba la política de amistad entre Portugal y Castilla.

Un edicto publicado en 1492 dio seis meses a los judíos para que abandonaran el territorio a quienes no se convirtieran al cristianismo. Algunos lo hicieron y otros fueron enviados a Marruecos, aunque uno que otro regresó más tarde y se unieron de nuevo a sus familias.

A finales del siglo XV, España estaba tanto políticamente como económicamente en malas condiciones. España necesitaba recuperarse y añoraba comunicarse y abrir negocios con el lejano oriente. Los portugueses grandes navegantes de esa ápoca, hacían sus viajes cada vez más lejanos en las costas africanas, estimulados por Don Enrique de Portugal a quien llamaban el Navegante y quien se beneficiaba económicamente de los viajes traficando esclavos.

Durante los años de 1441 a 1446 se hicieron grandes avances en las exploraciones en las costas africanas, se llegó a la desembocadura del Senegal. Se trajeron cautivos y huevos de avestruz. Este avance estimuló la continuación de viajes exploratorios en los años siguientes. El comercio se estimuló y las navegantes comenzaron a traer colmillos de elefante. Se descubrieron las islas de Cabo Verde. Porto Santo había sido descubierto unos años atrás por casualidad por navegantes portugueses. Hacia 1445 el portugués Bartolomeu Perestrelo viajó y se instaló en las islas por consentimiento de los portugueses.

Bartolomeu llevó una coneja como mascota que se reprodujo rápidamente, destruyendo la flora nativa y creando graves problemas al medio ambiente. Perestrelo, tenía una hija llamada Filipa Moniz Perestrelo, quien más adelante se casó con Cristóbal Colón. Ellos vivieron en Lisboa en la casa de su suegra Isabel Muñiz. Viajaron a Porto Santo y luego a Madeira, donde Filipa murió en el parto de Diego.

El misterio del lugar de nacimiento de Cristóbal Colón solo se puede explicar por su humilde origen. El indicó que era de Génova como sus padres Demetrio Colombo y Susanna Fontanarossa. Su origen se puede trazar por los escritos de su hijo Fernando Colón que dijo que su papá había estudiado en la Universidad de Pavía. Pero un historiador Andrés Bernáldez, quien compartió con Colón dijo que era un hombre de gran intelecto pero poca educación. Lo de Pavía parece dudoso.

Al mar lo consideraban como un lugar mágico. Había muchas historias. En 1469 se había publicado en español la Geografía del griego Strabo, quien hablaba de la posibilidad de navegar directo desde España hasta las indias.

Por muchas generaciones se hablaba que la tierra era redonda. Los astrónomos griegos de Mileto habían pensado desde el 500 A.C. que la tierra era una esfera.

La suegra de Cristóbal Colón le entregó los documentos y mapas que su esposo poseía referentes a las navegaciones llevadas a cabo con anterioridad. También se conoce que la hermana de Filipa era casada con un marinero, quien conocía en detalle detalles de las excursiones marinas y sus resultados. De otro lado se conoce que Colón recibió por accidente documentos referentes al mar del cosmógrafo napolitano Pablo Toscanelli, en los cuales se aseguraba que según sus cálculos la tierra era más pequeña de lo que se pensaba en la época. Otro trabajo que quizás Colón leyó es el de Pierre D´Ailly quien dijo que el Atlántico era angosto y que Séneca quizás estaba en lo cierto al decir que con un buen viento se podía cruzar en unos días. Cristóbal Colón también conoció el documento "La descripción de Asia del Papa Pius II en el cual decía, que todos los mares eran navegables y que él pensaba que se podía viajar de Europa hacia Asia vía el oeste. Esto y muchas otras cosas estimularon a Colón a planear su viaje por el occidente de Europa para llegar al oriente.

Cuando Colón regresó a Lisboa se entrevistó con el rey Joao, quien había cambiado su manera de pensar respecto al viaje que Cristóbal le había propuesto con anterioridad. El navegante Bartolomeo Díaz retornó acompañado por Bartolomeo Colón, quienes habían atravesado el cabo de la Buena Esperanza. Habiendo encontrado un camino por el sur hacia la India, no se necesitaba el camino hacia el oeste.

Después de sus fracasadas gestiones ante los portugueses, Colón se dirigió a la corona de Castilla y expuso su plan a la reina Isabel. Arreglado el trato, con unas condiciones muy favorables para Colón, se firmó el documento el 17 de Abril de 1492.

Las Capitulaciones como se llamó el documento que firmaron contenía las siguientes condiciones:

1) Colón era nombrado Almirante de los Mares, islas y continentes que se descubrieran. Los títulos eran hereditarios.

2) Colón sería el gobernador de todas las islas y tierras firmes que se descubrieran, con derechos de proponer terna de candidatos para los otros oficios del gobierno.

3) Colón podría ser nombrado "Don", con el privilegio de ser exento de impuestos.

4) Recibiría diezmos de todo lo que se produjeran en las nuevas tierras, oro, perlas, plata, metales preciosos, etc.

5) Colón tenía derecho a contribuir con un octavo de los costos de los viajes siguientes y su retribución sería un octavo de las ganancias.

Como las arcas de Isabel no estaban rebosantes, se requirió acudir a un prestamista para financiar parcialmente la aventura. La otra parte, un octavo de los costos le correspondía a Colón, quien solicitó ayuda a Martín Pinzón, un navegante pudiente de esa época. Así Colón participaba en todas las ganancias que se obtuvieran en la aventura del viaje a las tierras orientales. Los planes se hicieron inmediatamente y las tres carabelas, La Pinta, La Niña y La Santamaría con 120 hombres, Un cartógrafo y los hermanos Pinzón partieron el 3 de agosto del mismo año de Palos.

ANTECEDENTES DEL DESCUBRIMIENTO DE AMÉRICA.

A finales del siglo XV la moneda era escasa en Europa y se necesitaba hallar nuevas fuentes de plata y oro. El comercio era bastante activo, especialmente artículos provenientes de Oriente que los europeos consideraban de primera necesidad, telas, perfumes, metales preciosos y especias entre otros. Era necesario buscar caminos hacia el oriente por donde resultara más cómodo económicamente traer los artículos a Europa. Las rutas habituales estaban en manos de árabes y turcos quienes actuaban como intermediarios. Se pensaba que la única vía era el Atlántico, teniendo en cuenta que el mundo era redondo.

En 1498 el portugués Vasco de Gama llegó a la India. Los descubrimientos y rutas fueron legitimados por una bula papal a Portugal. De esta manera, Castilla quedó por fuera de ese derecho. La única manera era viajar por el Atlántico para llegar al Asia, teniendo en cuenta la redondez de la tierra. Este ejercicio era una necesidad primordial y tenía que efectuarse.

EL VIAJE DE COLÓN Y SU LLEGADA A GUANAHANI.

Cristóbal Colón era oriundo de Génova, Italia, y su idioma nativo era el italiano. En sus memorias diarias del primer viaje lo hizo en español, idioma que usaba para comunicarse diariamente, pero la escritura naturalmente tenía una deficiencia notoria. Aparentemente Colón mantenía sus consignaciones escritas de manera confidencial, para evitar sobresaltos de sus compañeros de aventura. El diario de Colón, se refundió, sin embargo algunas notas fueron recobradas por Fray Bartolomé de Las Casas. El almirante llevaba la cuenta de las millas que se recorrían por día, el rumbo hacia donde se dirigían, así como todo lo que veían en el mar y las condiciones climatéricas.

En la madrugada del 12 de Octubre de 1942, avistaron tierra y llegaron a la Isla de Guanahani. De acuerdo a los relatos, lo primero que hizo Colón fue preparar el acta del descubrimiento, avalada por sus capitanes y el enviado de la Corona Española. Al día siguiente de llegar a Guanahani, al ver que algunos nativos tenían narigueras de oro, Colón indagó donde se podía encontrar oro, piedras preciosas y quien las poseía. Esto indica que Colón era organizado y tenía cuidado de sus negocios antes que otra cosa. Al mismo tiempo indica la ambición por conseguir los tesoros de los nativos.

Colón deja entrever que los nativos fueron amistosos, estaban desnudos, de cabellos largos algunos, se pintaban la cara y el cuerpo, no tenían armas y era gente aparentemente joven. Los únicos animales que observaron fueron papagayos.

EXPLORACIÓN Y EXPLOTACIÓN DE LAS NUEVAS TIERRAS.
Inicialmente los españoles se dedicaron a explorar las islas cercanas a Guanahani y luego a las islas mayores del Caribe y la parte periférica del continente americano.

La ambición de conquistar nuevas tierras y explotar sus riquezas no se hizo esperar. El nuevo paso sería adentrarse en el continente, explorarlo y explotarlo. Sin embargo, el problema principal consistía en la resistencia que algunas tribus nativas oponían a la invasión, los mosquitos, la falta de conocimiento del terreno, los alimentos, etc.

Los conquistadores españoles eran personas agresivas, ambiciosas, con poderes ilimitados y sin control alguno por parte de la Corona española, que se encontraba debilitada económicamente después de varios siglos de conmoción interna por unificar el poder, que aparentemente se había logrado a finales del siglo XV.

Las estructuras de Castilla y Aragón en la parte social se habían distorsionado enormemente después de la salida de los árabes y judíos y el establecimiento de la Inquisición que llevó a la hoguera a muchos de sus habitantes.

Los judíos manejaban la mayor parte del capital comercial y financiero. A su salida se creó un vacío de especialistas en esta materia. Los árabes que se dedicaban a las artesanías también abrieron un hueco importante en las actividades económicas de Castilla y Aragón. Estos vacíos fueron llenados posteriormente por otros europeos, italianos y alemanes principalmente.

El cristianismo estaba ligado tanto económica como políticamente a la corte española. Para la salida de los árabes, se había creado una fuerte ofensiva religiosa. Los ánimos fanáticos del cristianismo se habían estimulado contra otras religiones con el objetivo de obtener y preservar el poder económico y político del territorio. La misma plataforma política que se había ensayado con resultados exitosos, se usó en la conquista de las nuevas tierras.

Los conquistadores trajeron un ejército compuesto principalmente de súbditos españoles y navegantes de otros países que se unieron por sus destrezas y conocimientos en la parte de navegación.

EL EJÉRCITO. El ejército español de las cruzadas era diferente al ejército que operaba en el siglo XV y XVI. En aquel tiempo el ejército estaba compuesto por voluntarios, fanáticos de la religión, mercenarios y uno que otro noble. El nuevo ejército aunque mantenían su reclutamiento voluntario, en algunas ocasiones o territorios era obligatorio. Sus cupos eran llenados por miembros de las clases sociales bajas.

El ejército requerido para la conquista de América, estaba compuesto de voluntarios, los cuales se reclutaban en las poblaciones por los Capitanes que habían sido designados por la Corona española para tal fin. Generalmente se hacían reuniones con los candidatos para exaltar las ventajas de unirse al ejército. Igualmente se les hablaba de las riquezas que existían en las nuevas tierras y la facilidad de obtenerles para todos aquellos que participaran. Se les prometía adiestramiento para su nuevo papel en el ejército. El adiestramiento era realmente pobre y no se extendía a todo el cuerpo del ejército por la premura de las operaciones y la escasez de los medios para realizarlo.

La Corona española vio la oportunidad de zafarse de todos los elementos peligrosos que pululaban en las calles de su territorio, al igual de todos los criminales que tenían en las cárceles por diferentes delitos. Se les perdonaba sus condenas con la condición de que se quedaran indefinidamente en las nuevas tierras. A los menos peligrosos o condenados por delitos menores se les perdonaban sus condenas y podían regresar a España unos años más tarde. De esta manera se solucionaba una gran parte del problema del costo de sostenimiento de las cárceles y se limpiaba el ambiente social del territorio. Por esta razón se puede encontrar la gran cantidad de delitos atroces cometidos y de todo tipo durante la conquista y sus repercusiones posteriores en la nueva sociedad americana de origen español.

LA GOBERNACIÓN DE SANTA MARTA. Rodrigo de Bastidas un hombre culto y pudiente notario de Sevilla obtuvo de la corona española una licencia para atravesar el mar con dos barcos por su cuenta y riesgo. Rodrigo había acompañado a Colón en el segundo viaje.

Rodrigo de Bastidas partió de Cádiz en 1500 acompañado por el cosmógrafo Juan de la Cosa. Él fue el primer conquistador en alcanzar las costas de Riohacha. Pasó por la costa norte, Santa Marta, la cual fundó posteriormente, Cartagena, Barú, rio Sinú y terminó su viaje en Nombre de Dios. En su paso por el Golfo de Urabá, los españoles saquearon tribus locales y tomaron presos a los vencidos para luego venderlos como esclavos en la española.

Bastidas fue enviado de regreso a España acusado por el gobernador de La Española Francisco de Bobadilla de traficar con nativos. En 1503 Bastidas fue declarado inocente de los cargos que se le imputaban. En España mostró sus trofeos adquiridos en su viaje a las nuevas tierras al público y con ello ganó muchos adeptos que lo acompañaron más tarde de regreso al continente americano con la intención de buscar fortuna. Bastidas regresó a la española, donde tenía propiedades y posteriormente fue nombrado gobernador de Santa Marta. Aparentemente por discrepancias en la repartición de bienes adquiridos en el área, Pedro de Villafuerte con otros compinches atacaron a Bastidas y le propinaron heridas con arma blanca. Herido de gravedad se trató de llevarlo a Santo Domingo para tratamiento médico, pero murió en Cuba antes de completar el viaje como originalmente se había planeado. Todos los cómplices de Villafuerte fueron capturados y colgados. Otro compañero de Bastidas de apellido Palomino se mantuvo en el cargo por un tiempo y murió trágicamente. Otro gobernador de nombre Pedro Badillo, quien había sido nombrado legalmente, fue destituido por actos de saqueo y robo a las arcas de la corona. De acuerdo a los documentos de Fernández de Oviedo los gobernadores posteriores fueron corruptos, dejando la tierra saqueada y destruida.

Desde Santa Marta, se iniciaron las excursiones exploratorias al centro del país, incluyendo el territorio de la civilización más avanzada del territorio en la época, los muiscas.

OTRAS NACIONALIDADES EN LA CONQUISTA. El 24 de Febrero de 1500 nació en Prinsejof el hijo del archiduque Felipe el Hermoso y la Archiduquesa Juana la Loca. Le pusieron el nombre de Carlos. Más adelante denominado Carlos V quien recibió una vasta y heterogénea herencia. El siglo XVI no fue fácil para los príncipes cristianos quienes deberían ensanchar y consolidar su posición política en Europa más allá de los nacionalismos.

A comienzos de 1518 durante las reuniones castellanas se le exigió respeto por las leyes de Castilla y aprender el castellano. España era un país difícil de administrar en esa época y fue el que mayores problemas le costó de todos los otros países heredados para ejercer su dominio político. Un año más tarde las cortes de Cataluña, donde se efectuaban las difíciles negociaciones le comunicaron que se le daría el título de Emperador Carlos V, tras la renuncia de

Federico El Prudente. Fue coronado en Octubre 1520 en la ciudad de Aquisgrán. Con este título quedaba coronado como el jefe de la Cristiandad.

Carlos había gastado gran cantidad de dinero prestado de comerciantes y banqueros alemanes para que el título le fuera otorgado. Los grupos Fugger y los Welser tenían un gran poderío financiero a lo largo y ancho de Europa. Prácticamente Carlos V estaba embargado con estos grupos, los cuales habían realizado un juego certero al apoyar a Carlos en las maniobras políticas y como consecuencia del triunfo de su cliente, hacerse beneficiarios de frugosos negocios de sedas y especias.

En Marzo 27 de 1528, el grupo Welser firmó las Capitulaciones con la corona española, para la conquista de Venezuela. Con esta capitulación las deudas contraídas con ese grupo se saldarían definitivamente, teniendo en cuenta las grandes ganancias comerciales que se derivarían de ese trato.

El ciudadano alemán Ambrosio Alfinger quien era gobernador de territorios capitulados por dicha casa banquera, en el año 1531, con 170 hombres pasó por el lago de Maracaibo, La Serranía de Perijá, Zapatoca, Lebrija, los páramos de la cordillera Oriental y finalmente llega a Chinácota, donde murió por las flechas de los nativos.

Otros dos alemanes en 1533, Nicolás de Federmán y Jorge de Spira continuaron con las excursiones adicionales a la iniciada por Alfinger. En 1541 Felipe Hutten, quien había reemplazado a Spira y quien lo había acompañado en la excursión del sur, inició otra travesía con 150 hombres siguiendo la ruta que tomó Nicolás de Federmán a los llanos orientales de la actual Colombia, llegando hasta el Guaviare. A su regreso en 1546 fue traicionado por su guía Pedro de Limpias y murió asesinado. Desde este momento la actividad decayó notablemente y en 1566 se decidió dar por terminada la capitulación en Venezuela con los Welser por incumplimiento del pacto.

LA COLONIZACIÓN. Después del primer viaje de Colón, la continuación de la aventura era un hecho irremediable. La Corona española puso todo su empeño en firmar y apoyar capitulaciones para excursiones adicionales, con el fin de tomar posesión de nuevas áreas. Esta actividad estaba dada principalmente por empresas o grupos particulares. Las excursiones se hicieron por la periferia de las costas del litoral Atlántico venezolano y colombiano como también las costas de Trinidad y Tobago.

Hacia mediados del siglo XVI, después de varios años de esta actividad primaria, en la cual no había un control cercano de cada aventura, la Corona se vio en la necesidad de tomar el control de las operaciones en las nuevas tierras. En esta nueva etapa se consolidaba el poder político y administrativo de la Corona Española.

En el primer viaje efectuado en 1499 que llegó hasta el Cabo de las Velas, en la península de la Guajira, venían Alonso de Ojeda, Américo Vespucio y

Juan de La Cosa. Las excursiones tenían primordialmente un sentido comercial y las empresas buscaban el mejor sitio para sus operaciones. Necesariamente se requería posesiones de tierras, asentamientos humanos, creación de facilidades para las comunidades participantes, etc. Como resultado de estas búsquedas, se decidió crear la primera gobernación, la cual se llamó gobernación de Coquibacoa fundada en 1501.

En 1501 cerca a la desembocadura de los ríos Necocli y Cañaflechal Martín Fernández de Enciso fundó el primer fuerte en la gobernación de Urabá. En 1510 se fundó la primera ciudad en tierra firme, la cual tuvo una población de Conquistadores apreciable. Este fue el primer centro de operaciones para la colonización de América Continental.

A partir de 1500 la costa norte de Colombia, estuvo sujeta al desembarco de aventureros españoles interesados únicamente en obtener oro y perlas y en capturar indios esclavos que ocupaban esa área para venderlos en las Antillas. Los Tairona que ocuparon esa área, se defendieron valerosamente.

En 1525 Rodrigo de Bastidas fundó Santa Marta. La ciudad progresó basada en el saqueo a las poblaciones indígenas.

En 1533 Pedro de Heredia fundó a Cartagena de Indias. Exploró adicionalmente la zona del Sinú, donde encontró gran cantidad de tumbas, ricas en piezas de orfebrería. En 1538 en la Costa Atlántica había escasez de alimento y hostilidad de los indios. Gonzalo Jiménez de Quezada partiendo de la costa Atlántica con 800 hombres, 70 caballos y 7 embarcaciones, fundó a Santa Fe de Bogotá en 1538 y en 1539 Gonzalo Suárez Rendón fundó Tunja.

GOBIERNOS Y PROVINCIAS DEL NUEVO REINO DE GRANADA:

TERRITORIO	CAPITAL	FUNDADOR	FECHA
Gobierno de Panamá	Panamá	Pedro Arias Dávila	1519
Gobierno de Sta Marta	Santa Marta	Rodrigo de Bastidas	1525
Gobierno de Cartagena	Cartagena de Ind.	Pedro de Heredia	1533
Gobierno de Popayán	Popayán	S. de Belalcázar	1537
Gobierno de Santafé	Santafé de Bogotá	G. Jiménez de Q.	1538
Corregimiento de Pasto	San Juan de Pasto	Lorenzo de Aldana	1539
Corregimiento de Tunja	Tunja	G. Suarez Rendón	1539
Gobierno de Antioquia	Santafé de Ant.	Jorge Robledo	1541
Gobierno de Chocó	Quibdó	Manuel Cañizales	1648

CUARTA PARTE

LA SOCIEDAD ESPAÑOLA Y SUS PROPIEDADES

Al comienzo de la conquista llegaron españoles relativamente jóvenes, unos voluntarios y aventureros, otros desterrados por criminales y otros acogiéndose a una oportunidad de trabajo que le ayudaría a salir de la precaria situación económica que se vivía en la península Ibérica.

Cuando las primeras noticias del éxito de Colón y su grupo en encontrar nuevas tierras y los tesoros que se encontraban en ellas llegaron a Europa por medio de los pioneros de la aventura inicial, hubo un júbilo especial, no únicamente de la Corte española, sino de sus súbditos y vecinos. Se necesitaba dinero y personal para iniciar una nueva aventura. La Corona española incontrolablemente decidió otorgar contratos a aquellas personas, grupos o empresas que decidieran cruzar el mar y conquistar nuevas tierras las cuales se podían distribuir entre sus compañeros de aventura. La propiedad de la tierra se obtenía automáticamente después de ocuparla por cinco años. En adición los nativos que se encontraran en esa área se daban en encomienda.

Para reclutar personal requerido en las nuevas tierras los conquistadores o sus representantes, visitaban poblaciones y hacían alarde de sus riquezas obtenidas fácil y rápidamente. Esto, naturalmente estimulaba a los jóvenes quienes soñaban de obtener iguales o mayores fortunas en un abrir y cerrar de ojos como lo expresaban los reclutadores.

Naturalmente, La Corona española puso su cuota en el reclutamiento al sumar el resto de criminales que estaban en las cárceles, con esto se solucionaba uno de los mayores problemas que afrontaba la realeza española.

Por razones obvias, en la parte inicial los conquistadores y sus ejércitos de hombres únicamente, viajaron a las nuevas tierras. La conquista no fue de tierra únicamente, sino del personal indígena femenino. De ahí que hubo un mestizaje rápido en todas las regiones donde los españoles llegaron. Muchos jóvenes que vinieron con el objetivo de hacer fortunas rápidas y quienes no tenían ningún impedimento legal para regresar, nunca se les vio de nuevo por las viejas tierras, debido a variadas circunstancias, unos perecieron en las excursiones contra los indígenas, cruzando ríos, inclemencias del medio ambiente, peleas entre sus compañeros de aventura y gran parte de ellos se quedaron organizados con sus nuevas familias.

Desde 1631 se estaba organizando formalizar los títulos de propiedades para aquellas personas que ocupaban territorios legalmente. Posteriormente se pusieron en efecto normas jurídicas para complementar las regulaciones en ésta materia. Tierras no explotadas, fueron vendidas a quienes pudieran comprarlas y ahí nació la concentración de tierras o el latifundismo propiamente dicho, que viene desde finales del siglo XVII.

Debido a las enfermedades locales, a las enfermedades traídas por los españoles y a la mezcla del indígena con el blanco, el grupo indígena se redujo drásticamente a finales del siglo XVII. La mayoría de indígenas estaban localizados en el centro de la actual Colombia, Nariño y el Valle del Cauca donde trabajaban en las fincas. Los esclavos negros se habían traído desde áfrica para que trabajaran en las haciendas y reemplazar la mano de obra indígena que se estaba disminuyendo. Los esclavos negros se situaron principalmente en el Valle del Cauca, Chocó, Costa Atlántica y Antioquia.

Durante el siglo XVII unas familias españolas fueron traídas por sus familiares residentes en la Nueva Granada. Otras familias emigraron con el fin de gozar de mejores condiciones de vida o con la intención de hacer fortuna. Para la época la Nueva Granada ya tenía poblaciones con asentamientos humanos importantes.

En el siglo XVII era notoria la discriminación racial. Existía un grupo blanco que se dividía entre españoles (llegados de España) y criollos (hijos de españoles nacidos en la Nueva Granada). Los primeros desempeñaban altos cargos públicos, como virreyes, oidores, etc., podían poseer tierras, explotar minas y tener esclavos. Los segundos, tenían acceso a cargos públicos y religiosos de menor importancia. Por el poder político de la época los cargos públicos y religiosos eran oficios nobles. También había discriminación por las diferencias patrimoniales, limpieza de sangre y familia.

El resto de la población la constituían los castizos (mezcla de blanco y mestizo) o mezcla de blanco e indio, mulatos (mezcla de blanco y negro), zambos (mezcla entre negro e indígena). En la Nueva Granada, las principales mezclas resultantes fueron la castiza y la mulata.

La irregularidades y abusos cometidos en los nuevos territorios hicieron que algunos defensores como Fray Bartolomé de la Casas levantaran enérgicas protestas por la forma como los encomenderos trataban a la población indígena. En 1545 España derogó las encomiendas. Restauradas más tarde por Miguel Díaz de Armendáriz quien hizo nuevos repartimientos. En 1629, se permitió el goce de encomiendas por una vida más, a cambio de una suma que el encomendero pagaba al tesoro real. En 1704 estas encomiendas se abolieron definitivamente.

LA EDUCACIÓN DURANTE LA COLONIA. Los centros educativos estuvieron disponibles durante la época de la colonia. Sin embargo estos centros educativos, universidad, colegios y seminarios estaban restringidos únicamente para un grupo social relativamente minoritario. Las facultades solo conferían un título profesional a las personas consideradas de sangre limpia o ser hijo legítimo. Esto era la política de las autoridades eclesiásticas y civiles para preservar la unidad familiar y buenas costumbres y desestimular las uniones fuera del lazo conyugal y el porvenir de los hijos ilegítimos. Las autoridades trataban por todos los medios de prevenir la mezcla de razas, especialmente de los españoles. La mayoría de edad para el matrimonio era de 25 años. Personas menores para contraer matrimonio requerían el permiso de los padres.

Con estas políticas se les ponía una talanquera al progreso educativo de los mestizos. El analfabetismo era cercano al absoluto en los hombres. Las mujeres eran totalmente analfabetas. Su dedicación principalmente a los quehaceres del hogar. De esa forma se evitaban comunicaciones secretas con pretendientes. Las mujeres que tuvieron el privilegio de aprender a leer y escribir, se les permitía leer libros y artículos religiosos para que limpiaran su espíritu y se acomodaran más a su papel en el hogar.

Se hizo una campaña para traer las esposas españolas con el fin de que acompañaran a sus esposos, reprodujeran la moralidad y se evitaran la convivencia de éstos con indias o mestizas que los conducían al pecado. Se decía que las mulatas eran las más atrevidas con sus maneras de vestir y pavonearse que atraían la atención de los hombres de todos los niveles., incluyendo los españoles que dejaban sus esposas por ellas.

A los esposos que habían abandonado sus esposas en España, se les recomendaba para que se regresaran y se unieran de nuevo. Aunque las mujeres eran consideradas más débiles que se dejaban guiar por las pasiones, aquí también consideraban que su apoyo en conservar las buenas costumbres era primordial.

Aunque se trataban de imponer ciertas reglas de comportamiento y de castas, estas fueron desapareciendo con el tiempo. Al final de la colonia estas medidas represivas y discriminatorias de las autoridades civiles y eclesiásticas tendieron a desaparecer.

El gran avance en la educación de las mujeres se dio a finales del siglo XVIII cuando en Santafé se creó un colegio para mujeres de alta clase social tanto españolas como criollas y se les enseñaba religión, lectura, escritura y trabajos manuales.

PRODUCCIÓN DE ORO. La base principal de la economía de la Nueva Granada se basó en la producción de oro. El objetivo de las personas llegadas a las nuevas tierras era recoger el oro y las piedras preciosas y enviarlas a Europa a la mayor brevedad posible, para realizar una ganancia fácil y rápida. A medida que el oro colectado de los nativos decreció, las campañas de producción de este valioso producto fueron implementadas. Los indígenas fueron utilizados al comienzo, por encontrarse disponibles y en gran cantidad en el área. A medida que las operaciones se acrecentaron en varios frentes, la mano de obra adicional era requerida, la mano de obra indígena disponible no fue suficiente. Inclusive en los años siguientes fue decreciendo drásticamente y las operaciones de producción no pudieron llevarse a cabo totalmente. En unas regiones la escasez de mano de obra afectó más que en otras. Pero al final del día la producción de oro fue afectada substancialmente. Los esclavos negros que se introdujeron para aliviar la escasez de mano de obra indígena, ayudaron marcadamente, pero no fue la solución total del problema. Los frentes de explotación de oro se encontraban en Antioquia, Santander, Cauca, Valle del Cauca, Nariño y Chocó principalmente.

En las primeras décadas de la conquista, la producción agrícola era suficiente para alimentar los indígenas y los nuevos grupos en el área. Con la llegada de nuevos grupos, la producción agrícola no fue suficiente para abastecer las necesidades de la nueva población. Las causas principales fueron: la reducción de terreno disponible para la agricultura de los indígenas, la cual había sido tomada por los invasores. La mano de obra indígena que decreció por varias razones, entre otras: enfermedades, uso de los indígenas para otras actividades, etc. (os españoles recién llegados a las nuevas tierras utilizaban los indígenas en los quehaceres de la casas, desviándolos de su trabajo en el agro), la falta de una tecnología más apropiada para mejorar la productividad en el campo, etc.

Se trató de diversificar la economía con otros productos agrícolas, para incrementar las entradas por estos nuevos renglones de desarrollo, sin embargo ésta iniciativa no prosperó a niveles considerables que cambiaran sustancialmente las entradas más allá de las obtenidas por la venta del oro.

QUINTA PARTE

ANTECEDENTES DE LA INDEPENDENCIA DE LA NUEVA GRANADA.

EL VIRREINATO DE LA NUEVA GRANADA. A comienzos del siglo XVII la Nueva Granada era un productor importante de oro, la posición del territorio en el continente suramericano con dos océanos, y los problemas de comunicación entre las autoridades de Santafé y el virreinato de Lima y para corregir otros problemas de administración interna, fueron las principales razones para que la Corona española planeara la creación del Virreinato de la Nueva Granada, que finalmente fue instituido en 1717 (Ecuador, Panamá, Venezuela y regiones de Perú, Brasil, Costa Rica, Nicaragua y Guyana hasta entonces en diferentes jurisdicciones se unieron bajo una sola autoridad colonial establecida en la ciudad de Santafé de Bogotá). Este se cerró en 1724 debido a problemas económicos. Jorge de Villalonga quien estaba al frente del Virreinato, envió reiteradas recomendaciones para que se cerrara el Virreinato aduciendo la parte económica, la pobreza del área, los pocos españoles y la gran cantidad de indígenas. Villalonga durante su mandato, activó la construcción de las murallas para la defensa de Cartagena de Indias y disolvió los focos de corrupción de los funcionarios españoles. En este mismo tiempo se trató de controlar el problema de contrabando.

En 1739 se reabrió el Virreinato de la Nueva Granada. Se designó a Sebastián de Eslava (1739-1749) para ejercer este cargo. En 1741 los ingleses al mando de Vernon atacaron Cartagena. Las principales actividades de los virreyes se centraron en controlar el contrabando, la corrupción de la administración, la pacificación y control de los indígenas, la imposición de impuestos y el control de su recaudo, la racionalización del gasto público, la estimulación de las actividades mineras en Chocó, Antioquia, Mariquita y Pamplona. En 1778 se hizo el segundo censo de población, el cual indicó que se acercaba al millón de personas habitantes del Virreinato. Los datos de la población en crecimiento continuo, dio las pautas para que la Corona española tomara las medidas para tratar de satisfacer algunas necesidades de la población. Durante esta misma época se creó la primera facultad de medicina, la imprenta, el observatorio astronómico, caminos hacia los llanos, el Opón, y se llevó a cabo la expedición botánica.

En Inglaterra en los siglos XVI y XVII las ciudades crecieron rápidamente debido a la migración de la gente del campo causada por la toma de las tierras comunales por los nobles y la transformación de éstas en pastizales para los ovinos. En el siglo XVIII la población de Europa creció rápidamente y en menos de un siglo pasó de 120 a 190 millones. La revolución industrial que comenzó en 1750 dejó muchos desempleados. Las primeras máquinas creadas fueron la máquina de telar, la máquina de vapor, el telégrafo y la locomotora. La escasez de trabajo ocasionó el desplazamiento de muchas personas a América. El período revolucionario comenzó hacia 1770 en las colonias inglesas de Norteamérica y luego se extendió a Europa y Suramérica.

INDEPENDENCIA NORTEAMERICANA. Los inicios se pueden contar desde la firma del Tratado de París en 1763 con el cual se cierra la confrontación de 7 años entre Francia- Inglaterra por los territorios de Norteamérica. El 19 de Abril de 1775 marcó el final de una era. Ese día en Lexington, Massachusetts se hizo el primer disparo de la guerra revolucionaria. Seis años y medio más tarde, en Octubre 19, 1781, las tropas británicas se rindieron en Yorktown, Virginia. Lo que había empezado como una pelea por los derechos de los ingleses en las 13 colonias, terminó en la creación de una nación independiente, Los Estados Unidos de América.

ANTECEDENTES DE LA REVOLUCIÓN. La vida en las trece colonias estuvo tranquila por más de cien años. La gran distancia entre las colonias y la madre patria fue una de las razones. Otra fue las guerras que se libraban en los continentes europeo y americano por parte de los británicos. Esto, dejó poco tiempo para observar que pasaba en las colonias. Durante este tiempo las colonias aprendieron a manejar sus propios negocios. El origen de la revolución no tenía otro objetivo que el de restaurar los derechos coloniales. Los patriotas trataban de expandir las áreas de su autonomía gubernamental a través de las asambleas, de lo cual estaban lejos de estar contentos, se inclinaron al final por una federación comunitaria

El espíritu independiente y la actitud de los colonialistas hacia el gobierno británico era un rompecabezas para los ingleses. El rey George III (1738-1820) fue otro inglés que no entendió a los colonialistas. Él era un monarca bien intencionado, pero corto de vista en la aproximación hacia los colonialistas y sus problemas.

La gente que había viajado hacia américa desde Europa, había venido en busca de una oportunidad para tener una mejor vida. Muchos habían venido para escapar persecuciones políticas o religiosas y la falta de una oportunidad económica en Europa en ese tiempo. Había restricciones como en todas las otras colonias, pero no eran muy opresivas.

Oposición a las políticas británicas. La política hacia las trece colonias cambió súbitamente en 1763 después de las guerras con Francia y la India. Como los británicos salieron victoriosos, Inglaterra se convirtió en el poder dominante en el continente norteamericano. La guerra fue bastante costosa y fuertes impuestos fueron cargados a los ingleses. Ahora fuera de los impuestos, se tenía que gobernar un vasto y nuevo territorio.

El gobierno británico consideraba que las colonias deberían pagar los costos de administración, incluyendo los costos del ejército. Inglaterra deseaba evitar confrontaciones entre los ingleses, indios y españoles. Por lo tanto se decidió mantener ejército en las colonias. Como el ejército era para proteger a los colonialistas, el gobierno creía que los costos deberían ser pagados por los colonialistas. Para reducir más las posibilidades de problemas en el oeste, se decidió cerrar la frontera y se hizo la proclamación de 1763. Con esto se cerraron las tierras del oeste de las montañas Allegheny para asentamientos o colonización.

Ambas medidas enfurecieron a los colonialistas, quienes sintieron que estaban siendo cargados injustamente con impuestos y coartada su libertad de movimiento.

Acuartelamiento y estampillas. En 1765 El primer ministro inglés George Greenville persuadió al parlamento de aprobar el impuesto de las estampillas y el acuartelamiento. Todos los colonialistas deberían pagar estampillas por todos los documentos legales, formas de negocios inclusive periódicos. Hoy en día es normal. Sin embargo los colonialistas se enojaron porque ellos no estaban acostumbrados a los impuestos, especialmente aprobados por un parlamento en el cual no tenían representación.

Los ingleses pensaban que ellos tenían el derecho al monopolio del comercio y el poder de regular la economía colonial.

En 1767 se crearon otros impuestos para productos traídos de Inglaterra como vidrios, pintura, papel, vino y tea. Los comerciantes acordaron no importar productos de Inglaterra.

Los ingleses trataron de mantener el límite económico, social y político, pero este límite se hizo cada día más inaguantable.

DECLARACIÓN DE INDEPENDENCIA DE NORTEAMÉRICA.

El segundo Congreso Continental aprobó la Declaración de Independencia el 4 de Julio de 1776. La moción para una declaración de independencia había sido hecha por Richard Henry Lee (1732-1794) de Virginia. El estadista de Virginia Thomas Jefferson escribió el texto de la Declaración de Independencia. Los patriotas pelearon por la libertad de una nación los Estados Unidos de América. La Declaración de Independencia dio una nueva dignidad a la causa del pueblo Americano".

Después de perder las colonias en Norteamérica, la Gran Bretaña se mantuvo como la primera potencia mundial por más de cien años, por encima de Holanda, Francia y España, quienes eran los inmediatos competidores.

REVOLUCIÓN FRANCESA. Luis XV quien reinó por 49 años, no fue un estadista. Los problemas de Francia se fueron acumulando paulatinamente por falta de una administración ordenada y eficaz. El monarca era una persona pudiente y le encantaba disfrutar de las comodidades que le daba su estatus. Francia estaba posesionada como una potencia económica que se destacaba en las artes, educación y arquitectura. Tanto la nobleza como la realeza gozaban de privilegios considerables.

Luis XVI fue coronado monarca de Francia a temprana edad, como tal le faltaba experiencia y dejó pasar el tiempo sin hacer las correcciones administrativas requeridas que necesitaba el país en ese tiempo. Su carácter era débil y muy indeciso en el momento de tomar decisiones.

La revolución francesa es uno de los eventos más importantes en la historia de Francia porque marca el comienzo de la Francia Moderna. Hasta 1789 el poder residía en el jefe de la monarquía. Los deseos del rey eran para cumplirlos. Entre 1789 y 1795 este sistema de gobierno fue drásticamente cambiado y se creó la República Francesa. En 1793 el rey fue enviado a la horca junto con su esposa y varios miembros de la nobleza.

FRANCIA ANTES DE LA REVOLUCIÓN. Al comienzo de la revolución, la sociedad francesa estaba organizada en base a clases. Había tres clases, o como eran llamados estados en Francia. Dos de ellos, los nobles y los clérigos, tenían muchos privilegios que ponían injustas cargas sobre el resto de la nación. Los hombres de negocios, los profesionales, los trabajadores y los campesinos eran la tercera clase de gente. Las clases sociales eran estrictas y difíciles de ascender a la escala superior.

El rey francés pensaba que ellos eran autónomos por la manera como ellos gobernaban y no necesitaban reportarle a nadie sus decisiones. Si ellos deseaban, ellos podían solicitar soporte y consejo al cuerpo legislativo llamado El Estado General, en el cual las tres clases estaban representadas. Pero el rey no necesitaba consultar El Estado General, y ellos no lo habían hecho desde 1614.

En el pasado los grandes nobles franceses, eran poderosos en los distritos donde vivían. Ellos amenazaban rivalizar el poder del rey. Y en efecto lo hacían de manera soslayada. Además el rey confiaba en ministros y oficiales de su propia escogencia. En ese tiempo, los nobles se les estimulaban para que pasaran la mayor parte del año en las cortes de Versalles. Aquí el rey podía observarlos de cerca y se evitaba componendas secretas en contra de la monarquía. Esto fue un modo de vida costoso, que lo pagaba el pueblo. Los nobles necesitaban todo el dinero que podían extraer de sus súbditos. Sus demandas fueron demasiado honerosas para los campesinos que trabajaban para ellos. Como Francia tuvo varias guerras (la de sucesión Austriaca y la de los 7 años) en esa época y los lujos cotidianos del rey eran costosos, el presupuesto para cubrir estos gastos era elevado y los súbditos tenían que soportar esa carga.

Los dos impuestos reales más importantes eran sobre la tierra y el otro sobre la sal. Como los refrigeradores no se habían inventado, la sal era ampliamente usada para preservar la comida. Como la política era manejada mancomunadamente con las autoridades eclesiásticas, en adición a los impuestos reales, los campesinos tenían que pagarle cuotas a la Iglesia. Para hacer su situación peor, el costo de vida estaba creciendo y los trabajadores encontraban que con el dinero que ellos ganaban cada día se compraba menos y menos. Esto era una gran causa de descontento.

Los campesinos y los trabajadores podían hacer poco sin los líderes educados. Pero los profesionales y la gente de clase media estaban igualmente inconformes. Ellos también tenían muchas quejas. Los impuestos eran únicamente cargados a las tierras que no pertenecían a los nobles. Los nobles, tenían la primera escogencia de todas las mejores posiciones en el gobierno, el ejército y la armada. Los nobles miraban despectivamente a la clase media y los trataban como seres inferiores. Como muchos de la clase media, eran bien educados y económicamente pudientes, se resentía este amargo trato. Ellos exigieron igualdad de oportunidades y carreras abiertas al talento.

Los ánimos de la clase media se exacerbaron con los escritos de un grupo de brillantes escritores conocidos como los filósofos, quienes tenían un gran desprecio por las tradiciones del pasado. Los filósofos querían organizar la sociedad y el gobierno en base a la razón. Uno de ellos, Charles Louis de Secondat, Barón de Montesquieu (1689-1755), pensó que el sistema Inglés de gobierno, era mejor que el de Francia. El deseaba que el poder se compartiera entre el rey, los nobles y el Tercer Estado. Básicamente un cuerpo ejecutivo, otro legislativo y el judicial. Para evitar que cualquiera de las tres clases tuviera demasiado poder, Montesquieu deseaba una constitución basada en verificaciones y balances. Más tarde algunas de sus ideas acerca del gobierno, influenciaron a los autores de la constitución de los Estados Unidos.

Jean Jaques Rousseau (1712-78) fue mucho más allá en su libro "The Social Contract" (1762). Él pensaba que el origen de todo poder político recaía totalmente en los pobladores del país. También pensaba cómo preservar la libertad del ser humano, la cual estaba siendo comprometida por la dependencia entre ellos para solucionar sus necesidades. La marcada influencia de la opinión de otros, que destruyen la libertad y autenticidad del individuo. Aunque los planes de Rousseau para poner en práctica sus ideas fueron imprácticas, el escribió bien y fue ampliamente leído.

Otro filósofo, Voltaire (1694-1778), Perseguido en su territorio, Voltaire regresó a Francia y trabajó en varios temas filosóficos. Él recomendaba la separación entre el estado y la iglesia.

LA INSURRECCIÓN DE LOS COMUNEROS. La terquedad, la arrogancia y falta de experiencia de las autoridades, el poder ilimitado de funcionarios públicos, la falta de estudios económicos y sociológicos cuidadosos y la ambición de los gobiernos por el dinero, crean situaciones graves, que estimulan a los pobladores de un territorio para que se levanten en contra de cualquier autoridad.

El levantamiento era previsible, teniendo en cuenta que la situación económica de los habitantes de la Nueva Granada no era boyante y con anterioridad se habían presentado protestas a las que no se les dio la debida atención por parte del gobierno colonial.

La corona española necesitaba incrementar las entradas a sus arcas para pagar los altos costos administrativos y de protección a las costas de las colonias y en sus mares, a los problemas de piratería causados por integrantes de barcos ingleses y franceses que pululaban en la región, causándole perjuicios económicos y de seguridad al transporte marítimo entre colonias y la península Ibérica. La reorganización de la administración, creando nuevos cargos y diluyendo los poderes de otros para fortalecer el control estatal, restringiendo las posibilidades de participación de los criollos en el gobierno, fueron entre otros los causantes del levantamiento del pueblo.

Para llevar a cabo el proyecto de búsqueda de ingresos fiscales se nombró a Juan Francisco Gutiérrez de Piñeres, quien re-implantó el impuesto de Armada de Barlovento. Los edictos respectivos fueron colocados en las áreas especificadas por las autoridades para conocimiento de sus pobladores. El 16 de marzo de 1781, Manuela Beltrán en frente de los pobladores del Socorro, Santander, arrancó y rasgó el edicto referente a las nuevas contribuciones. El pueblo gritaba: "Viva el Rey y muera el mal Gobierno".

Se creó una junta encabezada por Juan Francisco Berbeo. Las protestas se fueron acrecentando en diferentes puntos de la Nueva Granada. No solo las cargas fiscales, sino un cúmulo de razones era la base de las protestas. Se reunió un ejército de criollos e indígenas en El Socorro y decidieron marchar hacia Bogotá. En el camino se unieron grupos de otras poblaciones.

La situación era tensa para el gobierno y no esperaron que los comuneros llegaran a las oficinas de Santafé de Bogotá. El Arzobispo Caballero y Góngora junto con un oidor y el alcalde, se reunieron con la contraparte cerca de Bogotá. Allí se expusieron los reclamos y las solicitudes. Básicamente se llegó a un acuerdo denominado las Capitulaciones. Confiando en el gobierno colonial, los comuneros regresaron a sus poblaciones. Posteriormente el gobierno decidió cancelar las capitulaciones y se ordenó la captura de los rebeldes.

Algunos líderes de los comuneros que no creyeron en la buena fe de los negociadores del gobierno, decidieron continuar con el proselitismo en favor de la causa, presionando al gobierno desde diferentes partes del Nuevo Reino.

En Septiembre de 1781 los comuneros decidieron marchar de nuevo a Bogotá. Las tropas de los comuneros se organizaron de nuevo y se planeó comenzar la marcha el 10 de Octubre. El gobierno captura a Galán cerca de Onzaga y otros líderes del movimiento comunero. Estos líderes fueron ejecutados en febrero de 1782.

ANTECEDENTES DE LA INSURRECCIÓN.

ANTECEDENTES DE LA INSURRECCIÓN. Los blancos y criollos eran la mayoría de los habitantes del Nuevo Reino. Básicamente, no tenían otras personas que les disputaran sus acciones. Por esta razón, se repartían los puestos de comando del gobierno, igualmente que los cupos en las universidades y otros centros docentes. Los indígenas y negros eran los dos grupos minoritarios y no los consideraban para ninguna función del gobierno, eran los grupos más bajos en la escala social.

Los indígenas fueron decreciendo con el mestizaje y fueron arrinconados a unos pocas hectáreas de tierras, muy pequeñas comparadas con el territorio que tenían al comienzo de la colonia. En adición se les impusieron altas cargas tributarias para su condición económica.

26 DE AGOSTO DE 1789.-LOS DERECHOS DEL HOMBRE Y DEL CIUDADANO.

Los representantes del pueblo francés, constituidos en Asamblea nacional, considerando que la ignorancia, el olvido o el menosprecio de los derechos del hombre son las únicas causas de las calamidades públicas y de la corrupción de los gobiernos, han resuelto exponer, en una declaración solemne, los derechos naturales, inalienables y sagrados del hombre, a fin de que esta declaración, constantemente presente para todos los miembros del cuerpo social, les recuerde sin cesar sus derechos y sus deberes; a fin de que los actos del poder legislativo y del poder ejecutivo, al poder cotejarse a cada instante con la finalidad de toda institución política, sean más respetados y para que las reclamaciones de los ciudadanos, en adelante fundadas en principios simples e indiscutibles, redunden siempre en beneficio del mantenimiento de la Constitución y de la felicidad de todos.

En consecuencia, la Asamblea nacional reconoce y declara, en la presencia del Ser Supremo y bajo sus auspicios, los siguientes derechos del hombre y del ciudadano:

Artículo primero.- Los hombres nacen y permanecen libres e iguales en derechos. Las distinciones sociales solo pueden fundarse en la utilidad común.

Artículo 2.- La finalidad de toda asociación política es la conservación de los derechos naturales e imprescriptibles del hombre. Tales derechos son la libertad, la propiedad, la seguridad y la resistencia a la opresión.

Artículo 3.- El principio de toda soberanía reside esencialmente en la Nación. Ningún cuerpo, ningún individuo, pueden ejercer una autoridad que no emane expresamente de ella.

Artículo 4.- La libertad consiste en poder hacer todo aquello que no perjudique a otro: por eso, el ejercicio de los derechos naturales de cada hombre no tiene otros límites que los que garantizan a los demás miembros de la sociedad el goce de estos mismos derechos. Tales límites solo pueden ser determinados por la ley.

Artículo 5.-La ley solo tiene derecho a prohibir los actos perjudiciales para la sociedad. Nada que no esté prohibido por la ley puede ser impedido, y nadie puede ser constreñido a hacer algo que ésta no ordene.

Artículo 6.- La ley es la expresión de la voluntad general. Todos los ciudadanos tienen derecho a contribuir a su elaboración, personalmente o por medio de sus representantes. Debe ser la misma para todos, ya sea que proteja o que sancione. Como todos los ciudadanos son iguales ante ella, todos son igualmente admisibles en toda dignidad, cargo o empleo públicos, según sus capacidades y sin otra distinción que la de sus virtudes y sus talentos.

Artículo 7.- Ningún hombre puede ser acusado, arrestado o detenido, como no sea en los casos determinados por la ley y con arreglo a las formas que ésta ha prescrito. Quienes soliciten, cursen, ejecuten, o hagan ejecutar órdenes arbitrarias deberán ser castigados; pero todo ciudadano convocado o aprehendido en virtud de la ley debe obedecer de inmediato; es culpable si opone resistencia.

Artículo 8.- La ley sólo debe establecer penas estricta y evidentemente necesarias, y nadie puede ser castigado sino en virtud de una ley establecida y promulgada con anterioridad al delito y aplicado legalmente.

Artículo 9.- Puesto que todo hombre se presume inocente mientras no sea declarado culpable, si se juzga indispensable detenerlo, todo rigor que no sea necesario para apoderarse de su persona debe ser severamente reprimido por la ley.

Artículo 10.- Nadie debe ser incomodado por sus opiniones, inclusive religiosas, a condición de que su manifestación no perturbe el orden público establecido por la ley.

Artículo 11.- La libre comunicación de pensamientos y de opiniones es uno de los derechos más preciosos del hombre; en consecuencia, todo ciudadano puede hablar, escribir e imprimir libremente, a trueque de responder del abuso de esta libertad en los casos determinados por la ley.

Artículo 12.- La garantía de los derechos del hombre y del ciudadano necesita de una fuerza pública; por tanto, esta fuerza ha sido instituida en beneficio de todos, y no para el provecho particular de aquellos a quienes ha sido encomendada.

Artículo 13.- Para el mantenimiento de la fuerza pública y para los gastos de administración, resulta indispensable una contribución común; ésta debe repartirse equitativamente entre los ciudadanos, proporcionalmente a su capacidad.

Artículo 14.- Los ciudadanos tienen el derecho de comprobar, por si mismos o a través de sus representantes, la necesidad de la contribución pública, de aceptarla libremente, de vigilar su empleo y de determinar su prorrata, su base, su recaudación y su duración.

Artículo 15.- La sociedad tiene derecho a pedir cuentas de su gestión a todo agente público.

Artículo 16.- Toda sociedad en la cual no esté establecida la garantía de los derechos, ni determinada la separación de los poderes, carece de Constitución.

Artículo 17.- Siendo la propiedad un derecho inviolable y sagrado, nadie puede ser privado de ella, salvo cuando la necesidad pública, legalmente comprobada, lo exija de modo evidente, y a condición de una justa y previa indemnización".

VIRREYES DE LA NUEVA GRANADA.

NOMBRE	PERIODO (Años)
Jorge de Villalonga	1719-1724
Real Audiencia	1724-1739
Sebastián de Eslava	1739-1749
José Alfonso Pizarro	1749-1753
José Solís	1753-1761
Pedro Messía de la Cerda	1761-1773
Manuel de Guirior	1773-1776
Manuel Antonio Flórez	1776-1782
Juan de Torrezal y Pimienta	1782
Antonio Caballero y Góngora	1782-1789
Francisco Gil y Lemos	1789
José de Ezpeleta	1789-1797
Pedro Medinueta y Múzquiz	1797-1803
Antonio Amar y Borbón	1803-1810
Francisco Javier y Vanegas	1810-
Benito de Pérez	1810-1813
Francisco José de Montalvo	1813-1818
Juan Sámano	1818-1819

SEXTA PARTE

LA INDEPENDENCIA DE LA NUEVA GRANADA.

Antecedentes de la declaración de independencia. En Agosto de 1809 un grupo de criollos declaran la Primera Junta de Gobierno Autónomo en Quito, desconociendo las autoridades locales nombradas desde España, sin embargo se reconocía a Fernando VII como la autoridad suprema. Algo similar ocurrió en Caracas en Abril de 1810, seguido de Cartagena, Cali, El Socorro y Pamplona, para desembocar en la sublevación en Santafé el 20 de Julio de 1810.

LA PATRIA BOBA. El período comprendido entre la declaración de la independencia en 1810 y la retoma del poder en Bogotá por parte de los realistas en 1816. La falta de preparación y experiencia en la gerencia de un Estado por parte de los criollos, llevó a un caos político, presentándose desavenencias entre las provincias por la administración y la forma de gobierno que se debía implantar: el centralismo o el federalismo. Se crearon juntas en todas las provincias. Se esperaba que en una convención de estas Juntas se nombrara La Junta Central. El 22 de Diciembre de 1810 se citó a la primera reunión de Juntas para nombrar La Junta Central que tomaría la administración del Estado. Solo asistieron seis provincias (Santa Fe, Mariquita, Pamplona, Neiva, Socorro, y Novita) de las quince que debían concurrir. Desde el comienzo surge una rivalidad entre el Congreso y La Junta Suprema por el poder inmediato.

Debido al fracaso del congreso, regresa a Bogotá Antonio Nariño, quien se dedicó a defender el Estado unitario. En Febrero de 1811 se convoca al Colegio Constituyente y se publica la Constitución de la Provincia de Cundinamarca, primera Constitución escrita de Colombia de corte provincial. Esta Constitución era de tendencia monárquica. Los delegados de las provincias continuaron reuniéndose en Bogotá y finalmente en Noviembre de 1811 se aprueba el Acta de Confederación de Provincias Unidas de Nueva Granada, considerada la Primera Constitución Nacional. Esta Constitución fue aprobada por las provincias de Cartagena, Antioquia, Neiva Pamplona y Tunja. Se abstuvieron de firmarla Cundinamarca y Chocó. Esto trajo como consecuencia la separación de varias provincias y las guerras internas. Cundinamarca hizo la guerra contra las Provincias Unidas y las derrotó en 1813. Nariño siguió e hizo la guerra a los realistas de Popayán donde fue capturado y enviado a España. Por pedido de las Provincias Unidas, Bolívar se tomó a Bogotá en Diciembre de 1814. Aparecieron ambiciones, odios y deseos de poder desenfrenados. Esta desorganización trajo como consecuencia la fácil retoma del poder por parte de los realistas comandados por Juan Sámano y Pablo Morillo. Cartagena fue tomada en 1815 y Bogotá en 1816. Varios próceres de la Independencia fueron fusilados.

LA GRAN COLOMBIA (1820-1830). El 15 de Febrero de 1819 el Congreso de Angostura (Venezuela) a orillas del rio Orinoco, creó la Republica de la Gran Colombia (Nueva Granada, Venezuela y Quito). Se nombró a Simón Bolívar como presidente, quien inmediatamente se dirigió a la Nueva Granada con sus tropas. Allí mismo se decidió que un año más tarde, en la ciudad de Cúcuta, situada en territorio fronterizo, se reuniría un congreso general para organizar jurídica y políticamente La Gran Colombia.

Después de la victoria de Boyacá el 7 de Agosto, Bolívar entró triunfante a Santa Fé de Bogotá el 10 de agosto de 1819. El Virrey Juan de Sámano huyó de Bogotá el 9 de Agosto. Desde allí organizó la batalla que lo habría de conducir a la victoria definitiva de las armas republicanas y a la liberación de Venezuela y los territorios del sur.

En 1821 se instaló en Cúcuta el Congreso Constituyente. Se hicieron presentes los representantes de todas las provincias. Los siguientes son parte de las decisiones de los constituyentes:

De la Nación colombiana. Se generaliza que la nación colombiana es para siempre irrevocablemente libre e independiente de la monarquía española. También libre de cualquier otra potencia o dominación extranjera. Y finalmente expresa, no es ni será nunca patrimonio de ninguna familia ni persona.

La constitución instituyó la liberación progresiva de los esclavos, pero no la suspendió. Probablemente existieron fuerzas internas que se oponían por cuestiones económicas fundamentalmente. Acabó con la inquisición. Instituyó el poder público en tres ramas, a saber: legislativo, ejecutivo y judicial. El Congreso se conformaría de dos cámaras, el senado y la cámara de representantes. Para ser miembro del senado debería tener mínimo 30 años y para la cámara 25 años. Se instituyó que para votar, se necesita ser mayor de veintiún años, saber leer y escribir y tener más de cien piastras. Con esto se discriminaba a los pobres. Se ratifica esta postura discriminatoria cuando se exige que los representantes y senadores deban tener propiedades y determinada cantidad de dinero.

El congreso eligió a Simón Bolívar como presidente de la Gran Colombia y como vice-presidente a Francisco de Paula Santander.

Una vez el Congreso cerró puertas en Cúcuta, Bolívar continúo con los preparativos para continuar con su programa que era la independencia de Bolivia y Perú. A la partida de Bolívar, el general Francisco de Paula Santander se encargó de la administración de la Gran Colombia. La situación económica y organizativa de la naciente nación estaba básicamente en ceros. Se necesitó organizar las comunicaciones, la parte económica y administrativa de la nación.

Las tropas libertadoras al mando del Mariscal Antonio José de Sucre se toma Quito después de la batalla de Pichincha el 24 de Mayo de 1822 a 4600 metros sobre el nivel del mar. Con esta victoria se consolida la Gran Colombia.

Las tropas libertadoras continuaron hacia los territorios de Perú y allí se enfrentaron a las tropas realistas al mando de José Canterac. Las tropas bolivarianas salieron victoriosas en esta batalla que se llevó a cabo en Agosto 6, 1824.

El 9 de Diciembre de 1824 las tropas al mando del general Bolívar se enfrentaron a las tropas españolas en Ayacucho y las vencieron. Con este golpe prácticamente quedaron neutralizadas las tropas realistas en el Perú y puso punto final al Virreinato del Perú.

La Gran Colombia tenía muchos problemas de orden administrativo y económico debido a los costos del mantenimiento del ejército libertador, los proyectos de educación iniciados por Santander, los salarios de empleados de la administración, etc. Aunque se crearon nuevos impuestos y se reestablecieron otros, el déficit fiscal era sustancial, el cual fue llenado parcialmente con préstamos locales y de la banca inglesa.

Por otro lado, la Gran Colombia estaba conformada por tres partes, que aunque parecían similares por encima, realmente eran disímiles en su desarrollo como idiosincrasia y composición. Las ambiciones de mando de cada grupo se hicieron patentes y no aceptaban quedar por fuera del grupo de mando. Los venezolanos agricultoramente desarrollados para la época, de corte militarístico, los ecuatorianos menos desarrollados pero comerciantes y los colombianos mayoritariamente civilistas.

Cuando Simón Bolívar regresó de su campaña por el sur, no le gustó lo que encontró. La Gran Colombia estaba siendo organizada y sus ideas políticas de como organizar una nación no tenían mucho eco entre algunos de sus cercanos colaboradores y en el Congreso. Los principales colaboradores cercanos de Bolívar eran militares venezolanos e ingleses.

Bolívar decidió convocar una Asamblea Constituyente, la cual se reunió en Ocaña el 9 de Abril de 1827. Las diferencias políticas salieron a flote y no se pudo llegar a ningún acuerdo. Después de tres meses de deliberaciones, se clausuró la Asamblea y los participantes regresaron a sus lugares de origen.

El 28 de Agosto de 1828, en medio de protestas de diferentes partes del territorio de la Gran Colombia, Bolívar se declaró dictador. Hizo varias reformas administrativas, fiscales y eliminó el cargo de Vicepresidente.

Las medidas tomadas por Bolívar trajeron más problemas que soluciones. El descontento cundió prontamente en Santafé de Bogotá. De las diferencias políticas se pasó a los hechos físicos en su contra. El 25 de Septiembre de 1828 se produjo un atentado contra su vida. Bolívar escapó de su residencia (el palacio de San Carlos) a través de una ventana y se escondió debajo de un puente del Rio San Francisco.

Varios presuntos conspiradores fueron juzgados y ejecutados, entre ellos el Almirante José Prudencio Padilla. Otros fueron encarcelados y desterrados como el general Santander a quien se atribuía la autoría intelectual. Durante el siguiente año los problemas políticos se fueron complicando. Los venezolanos con sus militares al frente continuaron exigiendo la separación de la Gran Colombia.

EL CONGRESO ADMIRABLE. El congreso admirable se reúne a comienzos de 1830 a petición de Simón Bolívar con el fin de estudiar medidas que remediaran los problemas delicados que estaba confrontando La Gran Colombia. A finales de 1829, desde Caracas se solicitaba la separación de Venezuela de la Gran Colombia, orquestada por José Antonio Paéz y sus seguidores. Páez desde 1825 había cuestionado la autoridad de Bogotá para juzgarlo por presuntos atropellos que el habría cometido. Bolívar, lo había absuelto 3 años más tarde, creándole un ego superior que le acarrearía problemas graves tanto a Bolívar como a la Gran Colombia. Bolívar renuncia del cargo y el congreso nombró presidente de la República a Joaquín Mosquera y vice-presidente al General Domingo Caicedo, quien asumió el cargo inmediatamente por ausencia de Mosquera.

Mosquera asumió el cargo de Presidente el 4 de Junio de 1830. Hubo sublevaciones por los nombramientos y finalmente los sublevados seguidores del General Rafael Urdaneta se tomaron la capital en agosto del mismo año. Bolívar le solicitó a Urdaneta respetar las instituciones y re-establecer la legitimidad. Bolívar quien se encontraba desilusionado y enfermo, se dirigió a la costa con la idea de embarcarse para Europa. Sin embargo, murió en Santa Marta el 17 de Diciembre de 1830.

Durante la revuelta, el territorio del sur del país fue controlado por José Hilario López y José María Obando, quienes previnieron que Juan José Flórez lo anexara al Ecuador por orden de su congreso. Las provincias del norte fueron controladas por el general Córdova. Estos generales obligaron a Urdaneta a llegar a un pacto para entregar el poder. Urdaneta gobernó por casi un año, cuando entregó el poder presidencial de nuevo al General Domingo Caicedo cumpliendo con las cláusulas del Pacto de Apulo, que se había firmado en Junio de 1831para tal fin.

Venezuela se separó de la Gran Colombia el 6 de Mayo de 1830 (Convención de Valencia) y Ecuador siguió los mismos pasos unos meses más tarde. Una vez disuelta La Gran Colombia, las provincias decidieron mantenerse unidas creando La Nueva Granada. Inicialmente las regulaciones y costumbres administrativas continuaron como en la época de la colonia, las cuales fueron cambiando paulatinamente. Sin embargo se tomó alrededor de 30 años para remover los últimos vestigios del sistema económico colonial.

Siguiendo el acuerdo al Pacto de Apulo, se convocó a las diferentes partes remanentes para crear una Constitución que le diera vida al Nuevo Estado. Se hizo una convención que fue presidida por José Ignacio de Márquez. La nueva Constitución salió a la luz en 1832 avalado por el presidente encargado de la república el General José María Obando. Una de las principales decisiones de la convención fue la de colocarle el nombre de Nueva Granada al territorio que quedaba después de la separación de Ecuador y Venezuela. Se creó un Consejo de Estado para asesorar al ejecutivo. La nación quedaría dividida en provincias, las cuales tendrían sus propias asambleas. Igualmente definió los límites de la Nueva Granada.

Una vez aceptada y aprobada la Constitución, la convención designó al General Francisco de Paula Santander como Presidente de la República, quien se encontraba en Nueva York desterrado por ser un presunto miembro del grupo conspirador contra el gobierno de Bolívar. Como vicepresidente se nombró a José Ignacio Márquez, quien ocupó la presidencia hasta el regreso del General Santander a Bogotá.

FRANCISCO DE PAULA SANTANDER. El general Santander regresó a la Nueva Granada y asumió el cargo de presidente en 1832. Durante su administración se dio comienzo a la organización del Estado e impulsó la economía y educación en diferentes partes del país.

Santander tenía muchos contradictores, especialmente los militares partidarios de Bolívar. La oposición a su mandato era notable y los enemigos conspiraron contra su vida y la estabilidad del nuevo Estado.

En las elecciones para el período presidencial 1837-1841 se presentaron dos candidatos: José Ignacio de Márquez y José María Obando. Santander apoyaba a Obando, un general que no tenía mucho arraigo popular, se sospechaba que él había estado involucrado en la muerte del general Antonio José de Sucre. Al final fue elegido José Ignacio de Márquez.

JOSE IGNACIO DE MÁRQUEZ. (1837-1841) Asumió el poder en 1937. Márquez tenía gran experiencia en el manejo político del país. Había sido miembro de la Corte Suprema y había presidido el Congreso de Cúcuta en 1821 donde se creó La Gran Colombia. También había estado en la Convención de Ocaña en 1828. Durante su período presidencial la situación política del país era

inestable. Pululaban muchos generales con ambiciones políticas y presidenciales. Durante su época le tocó junto con el general Pedro Alcántara Herrán sofocar el intento de golpe de estado del general Obando.

PEDRO ALCÁNTARA HERRÁN. (1841-1845) Su candidatura fue apoyada por su antecesor en la presidencia y por su suegro el general Tomás Cipriano de Mosquera. La situación política de la Nueva Granada continuaba inestable. El general Herrán continuaba ocupado tratando de controlar los problemas en el sur del país. El general Domingo Caicedo lo reemplazó por un tiempo en el poder y también debió viajar a las provincias del norte por unos meses a ponerle orden a las provincias donde había problemas que atentaban contra la estabilidad del país. Al final de su período presidencial hubo calma, lo que permitió seguir avanzando en solucionar los problemas del territorio.

TOMÁS CIPRIANO DE MOSQUERA. (1845-1849). Fue elegido con la ayuda de Pedro Alcántara Herrán y una gran parte del grupo ministerial. Llamó a colaborar en su gobierno a varias personas del partido liberal. Llama la atención que nombrara en la Secretaría de Hacienda a Florentino González, quien era de la provincia de Socorro, Santander. En este período se trabajó arduamente en acabar con los últimos vestigios de servidumbre de la época colonial. Florentino había participado en el atentado contra la vida de Bolívar en Septiembre 25, 1827. Fue apresado y encerrado en las mazmorras de Bocachica por 18 meses en Cartagena.

Mosquera quería modernizar el país. En su gobierno se trabajó arduamente en el aprovechamiento del mercado internacional, especialmente con Estados Unidos de los productos de la Nueva Granada, como el oro, tabaco, productos agrícolas y algodón. Se organizó la navegación por el Rio Magdalena, para importar y exportar los productos de esta apertura económica. Esta apertura causó molestias a los artesanos quienes se organizaron más adelante en las denominadas Sociedades Democráticas para su protección económica.

El gobierno de Mosquera también instituyó el sistema de pesas y medidas y organizó el sistema monetario.

LOS PARTIDOS POLÍTICOS. En la mitad del siglo XIX comenzaron a estructurarse los partidos políticos. Ezequiel Rojas publicó en 1848 lo que serían las bases del partido liberal. Mariano Ospina Rodríguez y José Eusebio Caro, para no quedarse atrás, en 1949 publicaron las del partido conservador.

Antes de las anteriores publicaciones no existían tales partidos en la Nueva Granada. Las relaciones de los federalistas y centralistas con estos partidos tampoco coinciden y menos entre santanderistas y bolivarianos. Varios personajes que más tarde pertenecieron al partido liberal fueron acérrimos seguidores de

Bolívar y viceversa ejemplo Mariano Ospina Rodríguez, quien formaba parte del grupo de la noche septembrina de 1828 que conspiró contra Bolívar.

Definitivamente, existían personas que por razones económicas querían continuar con el sistema colonial de tener esclavos y evitar pagar otros trabajadores para llevar a cabo las actividades de sembradío, cosecha, mantenimiento y otras necesidades cotidianas de sus propiedades. También querían mantener el orden social y evitarse perder ciertos privilegios. Otros preferían la abolición de la esclavitud, la libertad de cultos, abolición de la prisión por deudas, libertad de enseñanza entre otros.

La situación de la Nueva Granada a mediados del siglo XIX era casi igual que durante la colonia, existía la esclavitud, los impuestos y la autoridad eclesiástica con todos sus costumbres y privilegios. Los terratenientes tenían poder político exagerado especialmente si eran militares. Comúnmente estaban conectados con familiares o amigos en las altas esferas del gobierno. Los indígenas, mestizos y negros no tenían ninguna representación en la administración gubernamental.

JOSÉ HILARIO LÓPEZ. (1549-1853).

El partido liberal quería continuar en el poder y José Hilario tenía gran prestigio dentro de su grupo teniendo en cuenta que los conservadores estaban divididos. Ninguno de los candidatos obtuvo la mayoría que se requería para ser elegido como presidente. Fue necesario seguir el proceso en el Congreso. El proceso no fue fácil y después de muchas negociaciones y deliberaciones López fue elegido.

Las sociedades democráticas como se hicieron llamar los artesanos, albañiles, carpinteros, etc., que se comenzaron a organizar en el gobierno anterior, se consolidaron durante el gobierno de López. Estas sociedades llegaron a tener un gran poder tanto político como social, lo cual jugó un papel importante en tiempos críticos para el país.

Durante el gobierno de López se le dio un gran impulso al comercio exterior y a la educación tanto en el interior como en el exterior.

El gobierno de López suspendió la pena de muerte por delitos políticos, apoyó la separación entre la iglesia y el estado, protegió la libertad de prensa y abolió definitivamente la esclavitud. Esta última decisión causó protestas en el Cauca, donde estaba la mayor cantidad de esclavos de la Nueva Granada. La nueva Granada fue la tercera nación en América y la sexta en el mundo que decretó la libertad de los esclavos.

JOSÉ MARÍA OBANDO. (1853-1854).

Tomó como bandera de su campaña la protección de la industria nacional en contraposición de la política de Tomás Cipriano de Mosquera de la apertura de mercados externos. Por este motivo recibió el apoyo de las sociedades democráticas y una parte de los liberales. El partido liberal estaba dividido, causándole serios contratiempos en la parte política. La falta de apoyo del congreso para aprobar sus iniciativas fue muy evidente. Esto le causó serios problemas administrativos y posteriormente la pérdida del poder.

Por lo anterior, las promesas hechas durante las elecciones no se pudieron complementar. Hubo manifestaciones por parte de los artesanos, azuzados por los políticos que querían causar el caos en la administración. Al presidente le fue comunicado que un golpe de estado se estaba preparando, pero no tomó cartas en el asunto como le habían sugerido. Prefirió su caída a declararse dictador para resolver los problemas que estaba confrontando. El general José María Melo quien era el principal conspirador apoyado por gente con intereses económicos le dio el golpe de Estado el 17 de abril de 1854.

JOSÉ MARIA MELO. (1854). Su proyecto presidencial duró muy poco. La falta de lealtad con su jefe, quien confiaba en él, a pesar de las advertencias que se le habían suministrado, pagó prontamente por su osadía. Melo trató de conformar un gobierno de lineamientos eminentemente populares. Los grupos que habían compartido el poder con anterioridad vieron con malos ojos la llegada de un extraño a sus territorios. No querían ver en el poder a una clase que no era la tradicional.

Tomás Cipriano de Mosquera quien estaba dedicado a sus negocios fuera de la Nueva Granada, decidió regresar al país a unir fuerzas con otros interesados para contrarrestar la autoridad de Melo. Apoyados desde Bogotá por una coalición de políticos, los generales Mosquera, José Hilario López y Herrán, impidieron que las tropas del Cauca se levantaran en apoyo al golpista. Melo fue juzgado por el Congreso, destituido de su cargo y más tarde desterrado a Méjico. Allí tomó parte en la guerra civil, fue arrestado y ejecutado.

MANUEL MARÍA MALLARINO. (1855-1857). Fue nombrado por el senado para terminar el período presidencial de José María Obando. Se distinguió por la reducción de costos que condujeron a mejorar sustancialmente las finanzas nacionales. Organizó el servicio de aduanas y le dio un gran impulso a la educación nacional. Inclusive redujo el número de efectivos militares drásticamente.

Su gobierno se caracterizó por un espíritu de tolerancia y conciliación. Su gabinete estuvo compuesto de miembros de diferentes partidos. El Congreso se mostró más civilizado y conciliador y a partir de 1855 inició la creación de Estados Federales: Panamá 1855, Antioquia 1856 y en 1857 Magdalena, Santander, Boyacá, Cauca y Bolívar. Cada uno de estos Estados expidió sus respectivas constituciones.

MARIANO OSPINA RODRIGUEZ. (1857-1861). Después de graduarse como abogado se unió a un grupo de intelectuales y políticos que se oponían a que Bolívar se declarara dictador de Colombia. Mariano, fue un fuerte adversario de Bolívar. Participó en la conjura de septiembre de 1828. Escapó y se refugió en Antioquia. Se unió al ejército de José María Córdoba, en la guerra contra Bolívar. El General Córdoba murió en acción y Ospina se refugió en Santa Rosa de Osos. Posteriormente fue uno de los máximos dirigentes del partido conservador a mediados del siglo XIX. Durante la administración del presidente Herrán (1841) ocupó el cargo de Secretario del Interior y Relaciones Exteriores. Fue elegido presidente de Colombia en 1857. Tomó partido en favor de los federalistas en la pugna sostenida entre estos y los centralistas. En 1858 sancionó una Constitución según la cual se reorganizaba la nación en ocho Estados, agrupados bajo la denominación de Confederación Granadina, al mismo tiempo que se aumentaban las atribuciones del Gobierno Nacional y de la Corte Suprema. Creó la primera universidad pública de Colombia, La Escuela Nacional de Minas de Medellín. Fue un iniciador e impulsor de los cultivos de café en Colombia.

En 1858 se reúne una Constituyente y le cambia el nombre a la Nueva Granada. De ahí en adelante se llama Confederación Granadina, con Tunja como capital de los Estados Confederados. La Confederación Granadina se acaba en 1863 cuando se reúne la Convención de Rionegro.

Su contrincante principal en las elecciones presidenciales fue el general Mosquera quien salió perdedor. Mosquera fue nombrado gobernador del Cauca. Se presentó ante el presidente Ospina como guardián del Federalismo. Desde la gobernación declara inconstitucionales nombramientos realizados por el presidente.

Los graves desacuerdos suscitados entre los Estados miembros de la Confederación degeneraron en una nueva y violenta guerra civil (1860-1862). Mosquera se une con el general Obando organizador del ejército federal, e incendia el país con una guerra que dura tres años. Obando muere en una oscura acción.

Mosquera sale victorioso. Toma presos a los hermanos Ospina y los sentencia a muerte, que luego es conmutada por cárcel en Cartagena. Sus enemigos en la guerra fueron fusilados, incluyendo los asesinos de Obando. Ospina fue desterrado a Guatemala.

La llegada de Mosquera a Bogotá, les traía problemas a los políticos, quienes no se sentían seguros de la siguiente maniobra de Mosquera y en que parte del juego político pudieran caer. Mosquera era una persona muy desconfiada y actuaba rápido en contra de quienes no compartían sus opiniones y procedimientos. Mosquera siguió gobernando desde el golpe de estado, Julio 18, 1861 hasta el 10 de febrero de 1863.

LA CONVENCIÖN DE RIONEGRO. Se llevó a cabo en Rionegro (Antioquia) a comienzos de febrero de 1863. A la convención solo asistieron los liberales. Los conservadores habían perdido la guerra (1860-1862) y decidieron marginarse del proceso. En Mayo se expidió la Nueva Constitución, en la cual se le cambiaba el nombre al territorio de Estados Granadinos a Estados Unidos de

Colombia. Se confirma la libertad de culto, la libertad para trabajar y organizar cualquier negocio, se limita el período presidencial a 2 años, se instituye la elección indirecta para presidente, se autoriza la libertad de prensa y de asociación, cada Estado podía tener su propio ejército entre otras.

El general Tomás Cipriano Mosquera es elegido oficialmente presidente de Los Estados Unidos de Colombia por los miembros de la Convención y gobierna del 12 de Mayo de 1863 hasta el 1ro de Abril de 1864.

Mosquera tuvo problemas en encontrar un Secretario de Hacienda, puesto clave para el buen desarrollo del país. A muchas personas se les ofreció el puesto y ninguna lo quiso aceptar. Finalmente apareció un costeño Cartagenero de nombre Rafael Núñez, quien aceptó. Se hizo entrar en circulación económica los bienes de la iglesia. Hubo especulación debido a que los sectores dominantes que tenían acaparados los bonos de la deuda pública, se hicieron adjudicar a menor precio, inmensas extensiones de terreno produciendo como resultado un simple cambio de dueño y trocando el latifundio clerical por un latifundio laico.

De nuevo Ecuador intenta apoderarse del sur de Los Estado Unidos de Colombia. Mosquera con su ejército derrota al general ecuatoriano Juan José Flórez, en diciembre de 1863. El Congreso de la República le confiere a Mosquera el título de Gran General de los Estados Unidos de Colombia.

MANUEL MURILLO TORO. (1864-1866). Murillo Toro fue elegido presidente de Los Estados Unidos de Colombia por un período de dos años como lo había instituido la Constitución de Rionegro. Al acabar su período presidencial se hicieron de nuevo las elecciones presidenciales del siguiente período. Salió electo de Nuevo el general Tomás Cipriano de Mosquera. El general inició su mandato como presidente el 20 de Mayo, 1866. Por su carácter y manera de manejar totalitariamente los asuntos del Estado, tuvo problemas de gobernabilidad. Los proyectos que causaron más escozor en la clase política fueron los referentes a créditos externos, venta de activos de los Estados, la capitalización de pensiones y el de la revisión de la titulación de tierras para reivindicar en nombre de la Nación, los bienes que carecieran de título saneado, pero ante el peligro de una contienda suspende la revisión de remates de las Manos Muertas. El Congreso no lo apoyó en sus iniciativas y se declaró totalmente opuesto al gobierno. Por su aislamiento y falta de cooperación de la rama legislativa, el presidente tomó por su cuenta y riesgo varios proyectos que la clase política consideraba no convenientes para los Estados Unidos de Colombia. Los políticos y las autoridades eclesiásticas se constituyeron en los más grandes opositores al régimen de Mosquera.

Con la venia del Congreso, los golpistas José Hilario López, Pablo Arosemena, Felipe Zapata, Ezequiel Rojas, Carlos Holguín y Santos Gutiérrez, lo remueven de su cargo. El congreso, lo suspende de la función presidencial. El senado llama al general Mosquera a descargos y lo condena a 4 meses de prisión. Esta pena es más tarde conmutada por la de destierro. Después de cumplir su condena, regresa al país y en 1876 lo nombran representante del Valle del Cauca ante el Congreso.

En los siguientes períodos presidenciales de 2 años, siguieron los problemas de guerras internas. El siguiente presidente elegido después del General Tomás Cipriano de Mosquera fue Manuel Murillo Toro, quien repetía. Su nuevo período presidencial comenzó en 1872 y terminó en 1874. Otros presidentes con períodos presidenciales similares de dos años siguieron a Murillo Toro.

JULIAN TRUJILLO LARGACHA. (1878-1880).EL General
Trujillo Largacha fue vencedor en la batalla de Los Chancos) sobre las milicias conservadoras. Había formado parte en el grupo que tomó el poder temporalmente cuando el General Mosquera fue removido de su cargo en 1867. Persona cercana a Rafael Núñez y quien le abrió el camino para su candidatura en 1980.

RAFAEL NÚÑEZ MOLEDO. Fue una figura sobresaliente en los
puestos oficiales que desempeñó en las administraciones anteriores. Como Secretario de hacienda del gobierno anterior, una vez más dejó ver sus capacidades organizativas. Por cuestiones políticas, no tenía buenas relaciones con el congreso.

Su candidatura para la presidencia 1880-1882 fue apoyada por el partido independiente. Su oponente de turno fue el general Rengifo, en representación de los radicales. Su candidatura fue altamente popular y obtuvo la victoria en las elecciones.

En su administración se mejoró el servicio postal, las comunicaciones nacionales e internacionales, y se empezaron las obras de los ferrocarriles.

Su gobierno fue bien programado y notablemente exitoso, que lo colocaba en lista de opcionados para otra candidatura posterior.

En las elecciones siguientes resultó elegido Francisco J. Zaldúa, quien murió corto tiempo después. El Vicepresidente Otálora.

Núñez recibió el apoyo de los conservadores y fue elegido presidente para el período 1884-1886. Núñez delegó el poder en Ezequiel Hurtado. En este momento Núñez solidificó el partido independiente con conservadores y liberales con el fin de tener apoyo y poder efectuar algunos cambios que beneficiarían al país.

CONSTITUCIÓN DE 1886. En Septiembre de 1885, ordenó la
formación de una constituyente con el fin de estudiar una nueva Constitución con la cual se dirigiría el porvenir del Estado en los siguientes años. La idea principal era constituir un Estado soberano y unitario. Desde 1863 hasta la expedición de la Constitución hubo alrededor de 50 guerras civiles de todo los tamaños, causados por la ambición del poder y generados por los políticos de la época. Cada Estado

tenía sus propios ejércitos y formaban revueltas por cosa pueriles, que las vendían como importantes los políticos liberales o conservadores a quienes no satisfacían las decisiones de otros estados.

El 11 de Noviembre de 1885, se reunieron en Bogotá, los constituyentes formados por nueve liberales y nueve conservadores. El presidente fue el sr Ulloa y el vicepresidente conservador el señor Cuervo.

La Constitución fue proclamada el 5 de agosto de 1886. Con esta constitución se derogó la de 1863. Creó un Estado unitario Republicano. Proclamó la religión católica como la oficial del Estado. El poder público lo dividió en Ejecutivo, Legislativo y Judicial.

Es interesante resaltar que los miembros de los poderes públicos han tratado siempre de permanecer en el poder de una u otra manera, presidentes, magistrados y congresistas. El poder corrompe. La carta de 1886 instituía que los senadores podían ser vitalicios, algo similar ocurría con los magistrados a comienzos de La Nueva Granada. Veamos lo que dice la Constitución de 1886: En su artículo 95 dice: "los senadores durarán seis años y son reelegibles indefinidamente". En el artículo 101: "Los representantes durarán en el ejercicio de sus funciones 4 años y serán reelegidos indefinidamente

Los firmantes de la carta de 1886 son los siguientes:

1- El presidente del consejo nacional constituyente, Delegatario por el Estado del Cauca: Juan de Dios Ulloa.

2- El Vicepresidente por el consejo nacional constituyente, Delegatario por el Estado de Cundinamarca: José María Rubio Frade.

3- El Delegatario por el Estado de Antioquia: Simón Herrera.

4- El Delegatario por el Estado de Antioquia: José Domingo Ospina.

5- El Delegatario por el Estado de Bolívar: José M. Samper.

6- El Delegatario por el Estado de Bolívar: Juan Campo Serrano.

7- El Delegatario por el Estado de Boyacá: Carlos Calderón Reyes.

8- El Delegatario por el Estado de Boyacá: Francisco Mendoza Pérez.

9- El Delegatario por el Estado del Cauca: Rafael Reyes.

10- El Delegatario por el Estado de Cundinamarca: Jesús Casas Rojas.

11- El Delegatario por el Estado del Magdalena: Luis M. Robles

12- El Delegatario por el Estado de Panamá: Miguel Antonio Caro.

13- El Delegatario por el Estado de Panamá: Felipe F. Paul.

14- El Delegatario por el Estado de Santander: Guillermo Quintero C.

15- El Delegatario por el Estado de Santander: Antonio Carreño R.

16- El delegatario por el Estado del Tolima: Acisclo Molano.

17- El Delegatorio por el Estado del Tolima: Roberto Sarmiento

18- El Secretario: Julio A. Corredor.

19- El Secretario: Víctor Mallarino.

Poder ejecutivo nacional, 5 de agosto de 1886.

Publíquese y cúmplase: J. M. Campo Serrano

El Secretario de Gobierno: Aristides Calderón.

El Secretario de relaciones Exteriores: Vicente Restrepo.

El Secretario de Hacienda, encargado del despacho de Guerra: Antonio Roldán.

El Secretario del Tesoro: Jorge Holguín.

El Secretario de instrucción Pública, encargado del Despacho de Fomento: Enrique Álvarez. (Diario Oficial No 0S-6758 y 6759. Bogotá 7 de Agosto de 1886., pp 801-807).

Esta Constitución que duró más de 100 años, tuvo varias enmiendas. 1905, 1936, 1954, 1957, 1958, 1968 y 1984.

Debido a problemas de salud, Núñez quien había sido elegido presidente hasta 1888 y como vicepresidentes a Eliseo Payán y José M. Campo Serrano, decide retirarse del poder y dejar encargado al general Campo Serrano inicialmente y posteriormente reemplazado por Eliseo Payán. Debido al direccionamiento de la política que le dio Payán, Núñez consideró que sus políticas y reformas estarían en peligro con Eliseo. Por tal motivo decidió tomar el poder y apoyar a Carlos Holguín, para que completara el período de 6 años para el cual había sido elegido (1886-1892) el cual mantendría la coalición con los conservadores.

CARLOS HOLGUÍN. (1888-1892). El gobierno de Holguín fue un período de transición, hubo calma y algunos avances en infraestructura en el territorio nacional. El Congreso no fue de fácil manejo para este gobierno. Debe destacarse de ésta administración la creación de la Policía Nacional, la cual se ha ido reestructurando con los años.

Durante el período previo a las elecciones presidenciales para el período 1992-1998 se presentaron bastantes problemas políticos. Este período indicaba la radicalización de los grupos liberales y conservadores. Los conservadores básicamente habían tomado el poder y los liberales querían desbancarlos .Los liberales estaban dispersos y muy débiles por los años de guerras civiles pasadas en años cercanos. Las ideas liberales se defendían haciendo propaganda del poderío de los grupos armados. La intelectualidad liberal desapareció para darle camino y rienda suelta a la opresión y violencia que finalmente apareció unos años más tarde en la guerra de los mil días.

Finalmente Rafael Núñez fue elegido presidente para el período 1892-1896. Como vicepresidente fue elegido Miguel Antonio Caro. Núñez se retiró a Cartagena debido a problemas de salud y el vicepresidente Caro ejerció el poder desde Bogotá.

MIGUEL ANTONIO CARO. (1892-1898). Hijo de José Eusebio Caro co-fundador del partido conservador con Mariano Ospina Rodríguez. Aunque siempre utilizó el título de vicepresidente, él siempre fue el mandatario a cargo de la presidencia, teniendo en cuenta que Núñez estaba en Cartagena recuperándose de su quebrantada salud.

Caro era de carácter áspero y le faltaban dotes de diplomacia. No trataba bien a los que trabajaban con él. A pesar de estar apoyado por miembros del partido conservador, el trato con ellos era inflexible y despectivo.

Caro fue poco diplomático con los cercanos en su administración y peor aún con aquellos en la oposición. Cerró los periódicos liberales "El Redactor" y "El Contemporáneo", desterró a Santiago Pérez y Modesto Garcés y puso en la cárcel otros líderes del partido liberal.

Los conservadores históricos encabezados por Carlos Martínez Silva, protestaron por las arbitrariedades de Caro en un documento denominado "Manifiesto de los 21". Caro renunció, pero a los pocos días volvió al poder cuando el hombre que había encargado, el general Guillermo Quintero Calderón, llamó para que le colaborara a Abraham Moreno, nombramiento que molestó a Caro, quien calificó a Moreno como un opositor del gobierno.

En cuanto a la moneda nacional, uno de los grandes proyectos de Rafael Núñez se había dañado por la inexperiencia y falta de voluntad en el manejo de los encargados de la política económica y la mala fe de los banqueros, que lanzaron una campaña de desprestigio contra el billete del Estado.

En su gobierno hizo avances en el mejoramiento de las comunicaciones, trajo instructores franceses para entrenar el ejército nacional, creó la Escuela Militar de Cadetes e inauguró el Teatro Colón.

El gobierno de Caro se vio en aprietos en los días de su gobierno. Núñez viendo los desaciertos en las relaciones de Caro con sus cercanos colaboradores en la administración, planeó regresar a Bogotá, para hacerse caso de la situación, pero murió poco después en Septiembre 1894.

COSTUMBRES Y CONDUCTAS. En esa época los hijos de las familias que tenían medios económicos suficientes y los estudiosos iban a Europa, especialmente a Francia, Alemania e Inglaterra. De allí, se copiaron las ideas de los partidos políticos, que en Colombia se llamarían partido Conservador y Liberal. La clase política vendió la idea de instaurar los partidos que antes se habían nombrado. Era una salida de la ingobernabilidad y un soporte a la democracia naciente. Por los años 1848 se instauraron los famosos partidos, que resultaron ser aparentemente una copia de las ideas de de los partidos europeos. Con estos dos títulos, los ambiciosos políticos de la época se acomodaron en el lugar que más les convenía y descrestaron a los creyentes votantes colombianos. La mayoría de los miembros de los partidos no sabían que era el partido Conservador y que era el partido Liberal, cuáles sus principios y filosofías. Miles de colombianos murieron peleando por algo que no conocían, ni que valía la pena haberlo hecho. Quizás, muchos vieron una oportunidad de quitarle las propiedades al vecino, sin mayor esfuerzo, esbozando una causa política. Pero lo que sí es un hecho es que esas dos corrientes, grupos, bandos, partidos o como se les quiera llamar se incrustaron oficialmente en la vida política colombiana desde finales de la mitad del siglo XIX y siguieron adelante.

Desde esa época para cualquier ciudadano que quisiera incursionar y sobrevivir políticamente, era absolutamente necesario pertenecer a cualquiera de los dos grupos. La historia nos enseña que hubo intelectuales, estudiosos y gente con mucha calidad humana, que "perteneció" y militó en esos bandos. Varios de estos caballeros sobresalieron en la política colombiana posteriormente. Desafortunadamente, en ambos grupos había gente de todas las calañas. Durante el siglo XIX, estos partidos influyeron funestamente en el sano desarrollo del estado colombiano.

Desde comienzos de los partidos políticos en Colombia, la violencia de un bando contra otro ha sido permanente. Masacres, violaciones, asaltos, secuestros y todo tipo de violaciones contra los derechos humanos, se llevaron a cabo en el territorio Colombiano en el nombre de los dos partidos. Se sabe que las elecciones las ganaban los que más trampas hicieran. En el pasado, votaban los muertos, los locos, los menores de edad, se compraban votos, etc. Desafortunadamente, esto no fue un sano ejemplo para las juventudes de un país en desarrollo. Así, las nuevas generaciones fueron utilizando las mismas costumbres y resabios de sus antepasados. Esta práctica muy generalizada quedó aprendida y algunas de éstas prácticas aparecen una que otra vez en los comicios electorales siguientes.

Años más tarde en la memoria de los ancianos estaba el recuerdo que cuando ganaba un partido, sacaban de sus oficinas a todos los empleados oficiales del partido contrario. Los mandaban a la calle. Y cuando ganaba el bando contrario, se repetía el mismo fenómeno. Como era cuestión de supervivencia, había mucho fanatismo por uno y otro bando. La venganza era cuestión de tiempo y oportunidad. En tope de la derrota, en el siglo XX cuando la institución se estaba organizando, los vencedores, nombraban policías y alcaldes del bando contrario en poblaciones políticamente derrotadas en las elecciones, para hacerles la vida imposible. Había que demostrar quién tenía el poder. Los seguidores de ambos grupos, mataban, violaban y saqueaban las propiedades del conciudadano con el beneplácito de los líderes políticos. Hubo muchos asesinatos y robos en el nombre de los partidos de la época, los cuales siguieron disputándose el poder.

PRESIDENTES DE COLOMBIA DURANTE EL SIGLO XIX

NOMBRES-APELLIDOS	PERÍODO (AÑOS)	LUG. DE NACIMIENTO
Gr. Simón Bolívar	1819	Caracas; 1783-1830
Gr. Fco de Paula Santander	1819-1826	Cúcuta; 1792- 1840
Gr. Simón Bolívar	1826-1830	Caracas; 1783-1830
Joaquín Mosquera	1830	Popayán; 1787-1878
Domingo Caicedo	1830	Bogotá; 1783- 1843
Gr. Rafael Urdaneta	1830-1831	Maracaibo; 1788- 1845
Gr. José María Obando	1831-1832	García; 1795- 1861
José Ignacio de Márquez	1832	Ramiriquí; 1793-1880
Gr. Fco de Paula Santander	1832-1837	Cúcuta; 1792- 1840
José Ignacio de Márquez	1837-1841	Ramiriquí; 1793-1880
J. de D. Aránzazu	1841	La Ceja; 1798- 1845
Gr. Pedro Alcántara Herrán	1841-1845	Bogotá; 1800- 1872
Gr. Tomás C. de Mosquera	1845-1849	Popayán; 1798- 1878
Gr. José Hilario López	1849-1853	Popayán; 1798- 1869
Gr. José María Obando	853-1854	García (Cauca); 1795- 1861
Gr. José María Melo	1854	Guengué; 1795- 1861
Gr. Tomás Herrera	1854	Panamá; 1804- 1854
José de Obaldía	854-1855	Santiago (Vera); 1806-1889
Manuel María Mallarino	1855-1857	Cali; 1808- 1872
Mariano Ospina Rodríguez	1857-1861	Guasca; 1805- 1885
Bartolomé Calvo	1861	Cartagena; 1815- 1889
Gr. Tomás C. de Mosquera	1861-1864	Popayán; 1798- 1878
Juan Antonio Uricoechea	1864	Bogotá; 1824- 1883
Manuel Murillo Toro	1864-1866	Chaparral; 1816- 1884
José M. Rojas Garrido	1866	Agrado (Huila); 1824- 1883
Tomás C. de Mosquera	1866-1867	Popayán; 1798- 1878
Gr. Santos Acosta	1867-1868	Miraflores; 1827- 1901
Gr. Santos Gutiérrez	1868-1870	El Cocuy; 1829- 1872
Gr. Eustorgio Salgar	1870-1872	Bogotá; 1831- 1885
Manuel Murillo Toro	1872-1874	Chaparral; 1816- 1880
Santiago Pérez	1874-1876	Zipaquirá; 1830-1900
Aquileo Parra Gómez	1876-1878	Barichara; 1825-1900
Gr. Julián Trujillo	1878-1880	Popayán; 1828- 1883

Rafael Núñez	1880-1882	Cartagena; 1825- 1894
Clímaco Calderón	1882	Sta Rosa de V;1852-1913
Francisco J. Zaldúa	1882	Bogotá; 1811-1882
Gr. José E. Otálora	1882-1884	Fómeque; 1826-1884
Gr. Ezequiel Hurtado	1884	Silvia (Cauca); 1825-1890
Rafael Núñez	1884-1886	Cartagena; 1825- 1894
Gr. José M. Campo Serrano	1886-1887	Sta Marta; 1832- 1915
Gr. Eliseo Payán	1887	Cali; 1825- 1895
Rafael Núñez	1887-1888	Cartagena; 1825- 1894
Carlos Holguín	1888-1892	Nóvita; 1832- 1894
Miguel A. Caro	1892-1896	Bogotá; 1843- 1909
Guillermo Quintero C.	1896	Pte Nal; 1832- 1919
Miguel A. Caro	1896-1898	Bogotá; 1843- 1909
José M. Marroquín	1898	Bogotá; 1827- 1908
Manuel A. Sanclemente	1898-1900	Buga; 1813- 190

SEPTIMA PARTE

COLOMBIA EN EL SIGLO XX

LA GUERRA DE LOS MIL DÍAS. Fue una guerra civil que
se disputó entre el 17 de Octubre de 1899 y el 21 de Octubre de 1902 entre
los integrantes del partido liberal y el gobierno conservador encabezado por
Manuel Antonio Sanclemente. Sus inicios se pueden trazar desde la década de
1860 cuando la insurrección conservadora fue aplastada por el General Tomás
Cipriano de Mosquera. En el año 1863 se publicó la Constitución de Rionegro
la cual implantaba el federalismo. Hubo reacciones del partido conservador
que causaron disturbios en el país durante los años siguientes a 1867. Esta carta
duró hasta 1886, cuando fue reemplazada por una de corte centralista ideada
por Nuñez un liberal independiente quien asumió el poder en 1884 con la
ayuda del partido conservador. En los años siguientes hubo insurrecciones
liberales en 1885, 1895 y 1899. La subida al poder de José Antonio Sanclemente
y Manuel Marroquín en 1998 no solo estimuló la división conservadora, sino que
incrementó el descontento entre los liberales. El presidente elegido no pudo
posesionarse el día que le correspondía por problemas de salud. El vicepresidente
tomó temporalmente el poder y fue modelándolo de acuerdo a su criterio. El
presidente tomó el poder en Noviembre del mismo año. Las intrigas políticas
continuaban gestándose entre los políticos.

El país se encontraba en problemas económicos delicados y había
inconformismo por los altos impuestos al café. Los partidos políticos no llegaban
a un acuerdo del camino a seguir para solucionar los problemas. La negativa del
Senado en octubre de aprobar la ley de elecciones, que los liberales uribistas
consideraban garantía indispensable para la pureza del sufragio, fue una de las
causas políticas principales del conflicto de la Guerra de los Mil Días. A partir de
esta negativa, los liberales de Uribe Uribe llegaron a la conclusión de que por el
camino de las urnas jamás tendrían acceso al poder.

La guerra empezó en Santander, cuando el general Juan Francisco Gómez
Pinzón se declaró a favor de la guerra en la hacienda La peña, en el Socorro y

camino a San Gil derrotó a las tropas del gobierno al mando del capitán Santander. El coronel Juan Francisco Garay hizo lo mismo en Abrego.

Entre Diciembre 15 y 16 de 1899 los liberales al mando del general Rafael Uribe Uribe se tomaron Cúcuta en la famosa batalla de Peralonso. Uribe Uribe no marchó a Bogotá, inmediatamente, dando oportunidad a las tropas del gobierno de cerrarles el paso hacia la capital.

Los conservadores estaban divididos en dos grupos, los nacionales, partidarios de las ideas de la Regeneración y los Históricos, que pretendían poner algún freno a la irresponsabilidad del Poder Ejecutivo, y disminuir la centralización administrativa. Los históricos trabajaron en contra del gobierno de Sanclemente. En Julio 31, 1999, Sanclemente fue depuesto y se nombró a José Manuel Marroquín, como Presidente que era el vicepresidente anterior. Los liberales desconocieron al nuevo mandatario, y, nombraron a Gabriel Vargas Santos, por el Partido Liberal, Jefe Supremo de la República Liberal que querían implantar.

La idea de remover a Sanclemente era darle la oportunidad a los partidos de negociar una paz estable. Esta no se logró, al contrario las divergencias entre los políticos apoyados por las guerrillas liberales se extendieron a gran parte del territorio nacional.

Las batallas de Peralonso y Palonegro en 1900, trajeron graves problemas para el ejército liberal. En Noviembre de 1901 tropas comandadas por Benjamín Herrera intentaron invadir Panamá, pero los marines norteamericanos impidieron la toma de Panamá y Colón. Las tropas norteamericanas estaban en Panamá debido al tratado Mallarino-Bildack, firmado entre los gobiernos de Estados Unidos y Colombia en 1846, otorgaba a este último el derecho de proteger la soberanía de Panamá cuando lo considerara necesario. El gobierno colombiano firmó la paz, a bordo del buque Wisconsin. Además de la tragedia nacional generalizada y las pérdidas de vidas (aproximadamente 100,000), el conflicto debilitó al país en momentos en que Estados Unidos se preparaba para tomar el dominio del Canal de Panamá.

Estaban tan ocupados en la lucha interna, que mientras se desarrollaba la guerra de los mil días, entre los Conservadores y Liberales, se perdió Panamá. Estos dos partidos son absolutamente responsables de esa pérdida.

MARROQUÍN JOSÉ MANUEL (1900-1904). En 1898 fue elegido Vicepresidente de la República y ya en este mismo año asumió provisionalmente la presidencia durante tres meses, en los cuales practicó una política conciliadora y tolerante que pareció alejar, de momento, el espectro de la guerra civil. Apoyado por Aquileo Parra, encabezó la rebelión de los históricos, prólogo de la larga lucha de 1899 a 1902 en contra de los nacionalistas del presidente Sanclemente a quien depuso y substituyó en el poder ejecutivo (1900-1904). En la segunda administración de Marroquín, Colombia rompió las relaciones diplomáticas con Venezuela, por el apoyo que esta le había dispensado a la fracción de su rival, que también recibieron apoyo de Nicaragua y Ecuador. Durante su gobierno se desarrolló la guerra de los mil días que dejaron miles de muertos en todo el territorio colombiano.

Tuvo que afrontar la hostilidad de Estados Unidos de América por la no aprobación del Congreso colombiano del Tratado Herrán-Hay y finalmente, se consumó la desmembración del país con la Independencia de Panamá (1903), alentada por Theodore Roosevelt que estaba interesado en la concesión del istmo.

Marroquín se mantuvo firme en la forma de gobierno, sin permitir reformas necesarias para apaciguar los ánimos de la oposición, lo que causó que para el congreso en 1904 solo pudieron acceder conservadores.

Marroquín descolló en el mundo intelectual de la literatura, pero su paso por la vicepresidencia y presidencia del país fue nefasto. En su administración solo queda el amargo recuerdo de muertes de miles de colombianos en la guerra de los mil días y la fracturación del territorio colombiano con la pérdida de Panamá.

Marroquín fue uno de los fundadores de la Academia Colombiana de la Lengua. La mayor parte de su producción literaria, publicada con los seudónimos Gonzalo Gonzáles de la Gonzalera y Pedro Pérez de Perales.

Marroquín escribió varias novelas y tratados sobre la lengua española como "Blas Gil" (1896), novela picaresca en la que critica las costumbres sociales y políticas de su país; y otras más. En su gobierno se trató de organizar el sistema de educación colombiana en elemental, secundaria, profesional, industrial y artística.

RAFAEL REYES (1904-1909). En el año de 1904 Rafael Reyes es elegido Presidente de la República para un período de 6 años. Reyes no estuvo interesado en la candidatura presidencial, sin embargo los amigos le ofrecieron el cargo que finalmente aceptó. Su oponente electoral fue el doctor Joaquín F. Vélez.

Al posesionarse Reyes, hizo una apertura en el sistema llamando a colaborar a liberales en su mandato. Esto le causó problemas con los miembros del partido conservador que no veían con buenos ojos sus políticas de acercamiento con las minorías. En ese momento, la situación del país en todos los órdenes era lamentable. La guerra civil había destruido las industrias, las vías de comunicaciones eran casi intransitables, la deuda interna y externa del país era astronómica y, sobre todo, las pasiones políticas seguían siendo causas de odios irreconciliables.

Reyes sentía y quería hacer reformas rápidas, pero el Congreso no quería darle paso a sus iniciativas. Reyes tuvo que enfrentarse a un Congreso cuyos miembros todavía navegaban en el tiempo retardatorio de las prebendas, los negociados y con una mentalidad de leguleyos que él estaba tratando de desterrar. Ni corto ni perezoso, Reyes ordenó el cierre del Congreso y ordenó la creación de una Asamblea Nacional en 1905, en la cual tuvieran cabida los liberales.

Para complementar su autoridad, y como siempre sucede con líderes que aprovechan la estadía en el poder para colocar sus familiares, el presidente quiso nombrar de vicepresidente a su sobrino Clímaco Calderón Reyes, para reemplazar al renunciante Ramón González Valencia, lo que le trajo graves problemas. Las minorías no fueron firmes en su apoyo y este se fue esfumando poco a poco. A finales del año 1905 se llevó a cabo un atentado contra su vida. Los culpables fueron juzgados y ejecutados sin mayor demora.

Con el fin de comenzar las obras que ayudarían al desarrollo del país, el presidente empezó por revivir el Ministerio de Obras Públicas que había sido transferido al de Hacienda en administraciones anteriores. Durante su administración los edificios públicos y escolares que habían servido para alojar tropas durante la guerra fueron rehabilitados; caminos de herradura y carreteras recibieron especial atención, Se le dio impulso al ferrocarril de Antioquia y el de Girardot fue totalmente reconstruido hasta Apulo, reactivándose así la comunicación con el rio Magdalena.

Rafael Reyes también emprendió la enorme empresa de rehabilitar la moneda nacional que había sido manipulada por las administraciones anteriores, para quienes imprimir moneda, no era sino una orden, sin tener en cuenta el respaldo que esta debería tener al salir al mercado. Reyes simplemente ordenó que: La moneda de Colombia se cotiza a la par con el oro… ¿Fue injusta aquella medida de Reyes? Tal parece que no, porque aunque, efectivamente, no dejaron de haber algunos casos en que la conversión violenta trajo ruina y notables perjuicios, es cierto que, en términos generales, ella respondía a una necesidad urgente y vital de los colombianos que habían recibido y eran portadores de billetes, no por el valor que rezaba su leyenda, sino por su valor efectivo en el mercado.

La Asamblea Nacional, que remplazó al Congreso, promulgó en 1905 actos legislativos que iban desde la supresión del nombramiento vitalicio de los magistrados, la eliminación de la vicepresidencia, hasta el establecimiento del período presidencial de 10 años, solo para el Presidente Reyes. Otras medidas, la autorización de expropiación por utilidad pública, representación de minorías en corporaciones públicas, procedimientos para reformar la Constitución, supresión del Consejo de Estado, derogación de las atribuciones a las Asambleas que la Carta del 86 les concedía en lo que se refería a los intereses seccionales. Las reformas de 1907 y 1908 buscaron acabar con el poder de los caudillos regionales cuyas tendencias separatistas amenazaban la estabilidad del país. Esto siempre ha existido en diferentes países, especialmente aquellos en los que las costumbres civilizadas en manejo político no han tocado sus puertas. Así que se promulgaron normas en el sentido de suprimir las Asambleas departamentales y se sustituyeron por consejos administrativos, se establecieron normas para esos consejos y se indicaron otras para la sucesión presidencial.

Pero la misma política económica, en lo que se refiere al problema monetario, que no solucionó los intereses de los industriales, y la manera como llevó las negociaciones con los Estados Unidos, le quitaron casi todo el apoyo, tanto particular como general. Al respecto Jorge Orlando Melo puntualiza: El primer aspecto hizo que los empresarios perdieran buena parte de su benevolencia hacia el presidente, aunque los beneficiarios de los remates de rentas públicas y de los contratos con el Estado, continuaron apoyándolo.

El segundo culminó con ocasión de la discusión del tratado firmado en 1909 por el liberal Enrique Cortés y el Secretario de Estado de los Estado Unidos Elihu Root, por el cual se normalizaban las relaciones con los Estados Unidos y se ponía punto final al conflicto sobre Panamá. Esto les dio pie a los enemigos liberales y conservadores para acabar de desacreditar al presidente, que después de varios incidentes acabó retirándose del cargo el 13 de marzo de 1909. Fue encargado de la Presidencia de la República Jorge Holguín".

COMIENZOS DEL SIGLO XX. Desde el gobierno de Rafael Reyes se dieron los primeros impulsos al desarrollo de industrias en la República de Colombia. Las empresas formadas recientemente y las que estaban en plan de reestructuración necesitaron gran cantidad de mano de obra especialmente local. Por primera vez, se comenzaban a agrupar considerablemente trabajadores en una empresa y sitio específico.

En la primera y segunda década del siglo XX hubo influencias socialistas tanto de Europa, como sitios aledaños como Panamá. Durante la construcción del canal de Panamá a finales del siglo XIX se habían registrado movimientos huelguísticos.

Las primeras huelgas se registraron en las ciudades costeñas como Santa Marta Barranquilla y Cartagena. Es notable la primera huelga en 1918 en la United Fruit Company en la zona bananera de Santa Marta. Luego se declararon otras huelgas como la del ferrocarril de Girardot y otras en la capital de la república. Los gobiernos conservadores de la época suprimían las huelgas a bala contra los manifestantes. En el sector petrolero en la ciudad de Barrancabermeja, donde operaba la compañía americana Tropical Oil se presentaron otras huelgas que terminaron con despidos masivos de trabajadores y acción policial para sus líderes.

La influencia del socialismo europeo, el proceso revolucionario en México y en especial la revuelta bolchevique en Rusia, llenaban las expectativas de la joven clase trabajadora colombiana, estimulada por anarquistas y oportunistas de la época. Debido a la falta de regulaciones que protegieran el derecho a la protesta, demostración o huelga, los trabajadores se exponían a situaciones violentas contra la fuerza pública, para tratar de obtener algunas reivindicaciones en su trabajo.

Por las represiones del sistema, el partido conservador estaba perdiendo soporte en la población trabajadora que veían cómo sus líderes eran perseguidos y los huelguistas, incluyendo las mujeres tratados violentamente por la fuerza pública.

Las huelgas siguieron de moda y se expandieron a varios sectores industriales, agrarios e inclusive indígenas que tenían diferentes reclamos, como el del Cauca encabezada por Quintín Lame. Lo que había comenzado en el norte del país se extendió por el centro y sur de Colombia.

ENRIQUE OLAYA HERRERA (1930-1934). El desprestigio del gobierno conservador por el creciente desempleo, las deudas, la escasez de alimentos y la recesión que se presentaba como consecuencia de la crisis mundial de 1929, acabó con lo poco que le quedaba de autoridad al gobierno conservador. Adicionalmente existía una profunda división entre sus miembros. Se presentaron con dos candidatos a las elecciones de 1930 Alfredo Vásquez Cobo y Guillermo Valencia. El regocijo liberal, no se hacía esperar porque se le abrían las puertas al poder, con su candidato Olaya Herrera, quien había ayudado en la caída del general Reyes del poder en 1909. Esta oportunidad estaba vetada para el liberalismo desde hacía muchas décadas.

El partido liberal había quedado destrozado desde la guerra de los mil días y no levantaba cabeza. En los últimos treinta años había tratado de reunificarse y llamar a su seno a cualquier grupo que apareciera en escena en la política colombiana, con cualquier ideología o sin ella, pero no lo había conseguido.

Aunque el país había crecido notoriamente en los últimos 50 años, tanto en población como económicamente, Olaya Herrera recibió un país desbaratado, tanto administrativa como fiscal y económicamente. Por esta razón el período de gobierno de Olaya Herrera fue quizás el más complicado que haya vivido la nación desde comienzos del siglo XX.

Entre las grandes realizaciones que, en medio de una situación precaria, realiza el gobierno de Olaya está la creación de la Caja de Crédito Agrario Industrial y Minero y la Caja Colombiana de Ahorros. Estas entidades fueron un gran apoyo para la agricultura en todo lo ancho y largo del país. Los créditos a los campesinos ayudaron en el desarrollo del campo. Los créditos se pagarían con las cosechas posteriores.

Olaya y sus asesores trabajaron activamente, para buscarle salida a la honda crisis de la nación. Reconstruye el crédito hipotecario. Grava las asignaciones de sucesión. Decreta el control del mercado cafetero. Durante su gestión administrativa se crearon gran cantidad de empresas. En el aspecto social, reconoce el derecho a la sindicalización y reglamenta el derecho de huelga. Se estipula que la jornada laboral debe ser de 8 horas. Se reconoce el derecho a las vacaciones, el auxilio de enfermedad, la cesantía para empleados particulares. Se fortalece el cooperativismo, se propone al Congreso la creación de una Caja de Seguros del Trabajo.

A más de todas las conquistas, el gobierno de Olaya herrera reconoce el derecho de la mujer para administrar sus bienes y establecer una separación entre cónyuges. Muchas de las obras públicas ejecutadas en el gobierno de Olaya Herrera, tales como la carretera central del norte, la construcción de terminales marítimos y oficinas de bodegaje en Cartagena, Bocas de Ceniza y Barranquilla, y la construcción del ferrocarril del Pacífico hasta la Virginia y el central del norte hasta Barbosa, fueron posibles gracias a la utilización racional de los dólares enviados por la indemnización de Panamá.

Un suceso que sacudió el país en la época de Olaya Herrera fue la invasión del sur del país por un grupo armado perteneciente a las fuerzas militares del Perú, apoyadas por el presidente de ese país, Sánchez Cerro.

Agotadas las gestiones diplomáticas sin ningún resultado, se entró de lleno en la acción bélica. Colombia había descuidado militarmente esa zona, y en el interior las condiciones no eran mejores. No teníamos aviación.

Los gobiernos colombianos han sido siempre pacifistas con sus vecinos y por lo tanto su potencial bélico era insignificante. El gobierno no contaba siquiera con un hidroavión, ni con una de las máquinas que se llaman propiamente de guerra. Solo se tenían unos pequeños aviones destinados a la escuela de aviación de Madrid en Cundinamarca En cambio el Perú tenía una magnífica aviación y los pilotos conocían perfectamente los lugares ribereños del Amazonas y del Putumayo.

En estas difíciles condiciones del país para sostener una guerra que no se buscó ni estaba entre las posibilidades negativas del país, el Presidente Olaya necesitó urgentemente equipar un ejército, ensamblar un sistema de aviación, organizar una marina, trabajar rápidamente en una infraestructura de guerra para poder cumplir con las más elementales defensas del territorio nacional: caminos, carreteras, comunicaciones en general. El encontró alrededor de 2200 kilómetros de carreteables y cerca de 1500 kilómetros de ferrocarriles.

Gracias a la decidida colaboración del pueblo colombiano, que contribuyó con hombres dispuestos a luchar, joyas y dineros entregados generosamente, el ejército colombiano venció a las tropas peruanas en Tarapacá y Guepí. Aunado esto al desconcierto que causó en las filas peruanas el asesinato de Sánchez Cerro, a la mediación que hizo Brasil ante la Liga de las Naciones, Colombia y Perú firmaron un acuerdo para cesar las hostilidades. Las tropas peruanas se retiraron de Leticia

El 24 de mayo de 1934, los delegados colombianos firmaron el Acuerdo de Rio de Janeiro que "revisó parcialmente los términos fronterizos demarcados en el Tratado Salomón- Lozano.

El gobierno de Olaya Herrera, estuvo siempre amenazado por varios factores, entre ellos la violencia política, secuela de los antiguos gobiernos conservadores que no se resignaban a perder el poder. Durante el gobierno de Olaya se presentaron varios contratiempos que impidieron un manejo mejor en la economía del país: una guerra civil, una revolución social y una guerra internacional.

ALFONSO LÓPEZ PUMAREJO. (1934-1938; 1942-1945).

López llegó a la primera magistratura impulsado por los movimientos obreros de comienzos de siglo. Con su programa de "la revolución en marcha", hizo varias reformas a la constitución de corte socialista y se reconocieron los derechos civiles y sociales de la población colombiana.

Entre las principales reformas que se hicieron en la constitución se pueden describir las siguientes: Garantizó la libertad de enseñanza e hizo la instrucción primaria obligatoria; Se garantizaba el derecho de huelga, excepto en servicio públicos; Garantizó la propiedad privada como una función social pero con obligaciones; Clarificó los límites de Colombia con sus islas y territorio continental, se crearon carreteras y se reformó la educación de los colombianos.

Su gobierno estuvo rodeado de jóvenes promesas de la política, lo cual alejaba las prácticas viejas y corruptas. El primer período presidencial se caracterizó por las reformas innovadoras que le hizo al sistema gubernamental. El segundo período presidencial no fue tan fructífero como el primero y terminó renunciando al cargo por escándalos políticos.

EDUARDO SANTOS CALDERON. Después del primer período de López, el Doctor Eduardo Santos Calderón fue elegido para el período 1938-1942, el cual transcurrió en relativa calma, cuando el país continúo progresando económicamente sin los sobresaltos de las huelgas de los trabajadores registradas en los años anteriores.

JORGE ELIECER GAITÁN. Formado en las clases menos favorecidas del país de comienzos del siglo XX, Gaitán se gradúo como abogado en 1924. Hizo estudios de jurisprudencia en Italia, donde fue muy bien calificado por sus profesores por sus ideas innovadoras.

Gaitán, joven político se hizo popular en 1928 cuando defendió los derechos de los trabajadores de la United Fruit Company que se habían declarado en huelga en el Magdalena y los reclamos de los familiares de las víctimas masacradas causadas por la fuerza militar en Santa Marta.

Jorge Eliecer pertenecía al partido liberal, el cual había ganado las elecciones con su candidato Olaya Herrera en 1930. Con su retórica populista había conseguido gran cantidad de seguidores, especialmente de la clase trabajadora, quienes veían que sus esperanzas de mejoras en las condiciones de vida y sus aspiraciones serían finalmente reivindicadas. En 1933 creó La Unión Nacional de Izquierda Revolucionaria (UNIR).

Sus discursos eran incendiarios contra la burguesía y el sistema operante de gobierno. Tenía una oratoria convincente y estimulante para su auditorio. Enfrentaba las dos posiciones muy bien definidas entre las clases ricas y explotadores contra los pobres explotados.

El tono de voz y sus expresiones de ataque contra el sistema oligárquico conservador y liberal que según él carcomía las libertades del pueblo pobre y oprimido, se enmarcaba con a la carga compañeros de infortunio, que la victoria llegará con su acción decidida contra las iniquidades impuestas por el sistema. Gaitán se presentaba como un miembro más de la clase oprimida y un soldado incondicional con ganas de revancha contra todos los opresores pasados y presentes.

El grueso principal de los dirigentes del partido liberal que se componía de diferentes facciones como siempre lo ha sido, le habían retirado el apoyo abierto y público a Gaitán, por su discurso radical, que a final de cuentas no se hubiera podido implementar como se expresaba en las plazas públicas.

El pueblo le creía ciegamente, y la presencia del caudillo en posición de mando del Estado realizaría indudablemente todas las aspiraciones que por siglos habían dormitado y que solo recientemente habían comenzado a salir a flote

Jorge Eliecer había sido nombrado jefe del partido liberal. Con ese nombramiento se le abrieron las puertas para un mayor y mejor accionar en el panorama político nacional. El gaitanismo era una fuente deliberante y había arrinconado a la otra facción del liberalismo.

Laureano Gómez, quien era un político muy habilidoso, utilizó el discurso de Gaitan, sus promesas y sus propuestas populares, las cuales unidas a las reformas hechas por López durante su período presidencial, para atacar fácilmente a los políticos liberales, considerándolos como grupos de soñadores sin una propuesta válida para la gerencia y orientación que el país necesitaba en los siguientes años.

En la convención conservadora de 1946 de una manera inteligente Laureano Gómez, abrió el espacio para la candidatura del Ingeniero Mariano Ospina Pérez. Los seguidores de Ospina y los laureanistas, no sabían que Laureano no compartiría el poder con los liberales una vez este se obtuviera. Los liberales estaban divididos.

La campaña de Ospina se planeó cuidadosamente y se centró en la parte social; vivienda y salario digno para el trabajador, protección a la familia, desarrollo del país con la ayuda de ambos partidos, convivencia ciudadana. Ospina quiso darles participación a los liberales en el gabinete ministerial, pero Gaitán, decidió apartarse y no tomar partido en el ponqué burocrático.

El 9 de Abril de 1948 sucedió el asesinato de Jorge Eliecer Gaitán en frente del Edificio Nieto de Bogotá en la carrera séptima cerca de la avenida Jiménez. A Juan Roa Sierra se le sindicó como el autor material del crimen y fue asesinado inmediatamente por los seguidores del caudillo liberal. La violencia se inició de forma inmediata. Hubo muertos, saqueos, destrucción de bienes públicos y privados en toda Bogotá. El gobierno de Ospina tuvo grandes problemas, sin embargo, el presidente recompuso su gabinete con la ayuda de los liberales y el gobierno se estabilizó. Darío Echandía jugó un papel importante en este aspecto.

LAUREANO GOMEZ CASTRO. (1950-1951). Laureano un ingeniero civil de la Universidad Nacional de Colombia fue famoso por su oratoria. Los debates en el Congreso eran seguidos de cerca por sus admiradores. Se distinguía por la manera como verbalmente acorralaba sus contrincantes para hacerlos dimitir (Marco Fidel Suarez) o evadir los debates. Elegido presidente en 1950 por el partido conservador, sirvió al país hasta 1951, cuando se retiró del poder debido a problemas de salud. En su reemplazo fue nombrado el designado Rafael Urdaneta Arbeláez (1951-1953).

El país estaba convulsionado con guerrillas liberales y la violencia de tipo político se acrecentaba en todo el territorio nacional, especialmente en los Santanderes, Antioquia, Boyacá, Cundinamarca, los llanos Orientales y el área cafetera.

Durante el período presidencial de Gómez/ Arbeláez, se creó Ecopetrol, los ministerios de Minas y Petróleos, y de Fomento, así como el Banco Popular. La educación recibió apoyo importante del gobierno.

El 13 de Junio de 1953, el general Gustavo Rojas Pinilla, apoyado por la oligarquía liberal de la época, tomó el poder cuando Laureano Gómez trataba de posesionarse de nuevo como presidente de Colombia. Salió del país con su familia y regresó después de la caída de Rojas Pinilla.

GUSTAVO ROJAS PINILLA (1953-1957).

La violencia política en Colombia era rampante cuando Rojas Pinilla tomó el mando del Estado. Los liberales eran perseguidos por la policía en diferentes partes del país y por los paramilitares conservadores conocidos como los pájaros.

En el llano apareció el famoso Guadalupe Salcedo un caudillo de las guerrillas liberales que estuvo combatiendo contra la policía y el ejército durante 1951 y 1952. Estas refriegas con la guerrilla le estaban costando bastantes vidas al ejército.

El gobierno de Rojas decidió hacer una amnistía con los grupos alzados en armas con el fin de terminar la violencia. En Monterrey, Casanare en una guarnición militar Guadalupe Salcedo y 300 guerrilleros entregan las armas al ejército y firman la paz. Hubo descontento entre sus seguidores debido a que no se pidieron garantías al gobierno y acciones de reparación a las víctimas. Guadalupe Salcedo fue asesinado en Bogotá por la policía en 1957.

El presidente recibió apoyo de la clase dirigente liberal y conservadora, con excepción del Laureanismo. La idea era que Rojas gobernara el país por el resto del período que le faltaba al gobierno de Laureano Gómez. Sin embargo miembros de los partidos políticos, oportunistas como siempre, decidieron apoyar la extensión del mandato hasta 1958.

Todos los años los estudiantes salían a conmemorar la muerte del estudiante Gonzalo Bravo Páez que había sido baleado por la guardia presidencial en 1929, cuando se dirigía a comer en un restaurante y la fuerza pública estaba enfrentando la protesta de los trabajadores de la United Fruit Company. En Junio de 1954, hubo enfrentamientos entre el ejército y los estudiantes en la Universidad Nacional. El estudiante de medicina Uriel Gutiérrez Restrepo fue muerto y varios resultaron heridos. Al día siguiente, mientras se desarrollaban los funerales, se presentaron nuevos enfrentamientos y hubo más víctimas. En los años siguientes hubo manifestaciones de los estudiantes para protestar contra el gobierno. A partir de ese momento hubo una enemistad continuada entre los estudiantes universitarios y el gobierno.

La tranquilidad duró poco. En varios lugares del país resurgieron las guerrillas, El gobierno de Rojas comenzó a perder prestigio por los abusos de los militares con la población civil. También hubo militares y civiles que aprovecharon sus posiciones y se beneficiaron traficando con tierras y ganado. El contrabando aumentó considerablemente.

La crisis se precipitó como consecuencia de la caída de los precios del café y del aumento exagerado de la deuda externa. No obstante, durante el gobierno de Rojas se iniciaron obras de alta inversión, como el Aeropuerto El Dorado, la carretera Central del Norte, el Hospital Militar, el Centro Administrativo Nacional. Se creó la Universidad Pedagógica y Tecnológica de Tunja y se inauguró la Televisora nacional. También se creó Sendas.

Durante el gobierno de Rojas, se les reconocieron los derechos plenos a las mujeres. El partido comunista fue declarado ilegal.

La oposición generalizada al gobierno de Rojas Pinilla se agudizó a medida que el apoyo militar y el autoritarismo se hacían más fuertes. Un paro nacional general paralizó al país. En este paro participaron los industriales, la banca, los estudiantes, los sectores populares, el partido conservador y liberal cuyos líderes habían acordado oponer resistencia a la dictadura, en un acercamiento efectuado en España entre Laureano Gómez y Alberto Lleras Camargo, donde se firmaron dos acuerdos, el primero en Benidorm, en 1956 y el segundo en Sitges, posterior al derrocamiento de Rojas. El 10 de mayo de 1957, Rojas renunció a la presidencia y dejó el poder en manos de una Junta Militar.

La Junta Militar estuvo compuesta por los Generales: Gabriel París Gordillo, Rafael Navas Pardo, Luis E. Ordoñez, Deogracias Fonseca y el Almirante Rubén Piedrahita. La Junta estuvo en el poder hasta 1958, cuando tomó el poder Alberto Lleras Camargo.

Rojas Pinilla creó el partido político ANAPO (Alianza Nacional Popular) que participó en las elecciones de 1962, 1966 y 1970 cuando reclamaron un fraude en los votos en detrimento de su movimiento. Como protesta de este presunto fraude nació el grupo guerrillero M-19.

La guerrilla. Las autodefensas. La resistencia comunista nació en las áreas de Sumapaz y el Tequendama como una reacción a la violencia oficial. Luego se extendió a otras áreas aledañas y el norte del país.

En la segunda y tercera década del siglo XX, varios fueron los motivos que llevaron a campesinos e indígenas a asociarse para sobrevivir, defender o recuperar terrenos perdidos y como fuerza para protestar por el trato recibido en las haciendas. Estos movimientos fueron caldo de cultivo del socialismo y finalmente del partido comunista.

Así pues, el nacimiento de las guerrillas comunistas actuales tienen su origen inmediato en el conflicto militar que tuvo lugar en las regiones de autodefensa en el año 1964, durante el gobierno de Guillermo León Valencia, sin embargo sus raíces se hunden largos años atrás.

La política, sus dirigentes y los orígenes de esos personajes, son siempre lugares donde se cultivan las protestas y subversiones. En el caso colombiano se puede mirar hacia Chaparral Tolima de donde salieron figuras importantes de la política nacional. El municipio de Chaparral, en donde se ubican los orígenes del movimiento de las FARC, puede servir como ejemplo para confirmar la teoría anterior de la continuidad histórica entre movimiento campesino y lucha armada. El antiguo municipio de Chaparral comprendía una extensa zona del sur del Tolima y de él hacían parte los actuales municipios de Ataco, Chaparral, Planadas, Rioblanco, Roncesvalles y San Antonio. Escenario de la resistencia indígena desde el siglo XVII.

La revolución cubana. En el año 1959 Fidel Castro, se tomó el poder en Cuba. Allí gobernaba desde 1952 Fulgencio Batista. Durante el gobierno de Batista imperaron la limitación a las libertades de expresión, la persecución y la represión política, la corrupción, el enriquecimiento ilícito, prostitución, desempleo y miseria. Se alió con la oligarquía de la isla para sustentar su poder. Su alianza con la burguesía la cual poseía casi la mitad del territorio nacional y el capital extranjero dueño de industrias, bancos, etc., estimularon el nacimiento de una oposición política profunda que dio paso a la revolución.

La revolución cubana encabezada por Fidel Castro, Ernesto "Che" Guevara y Camilo Cienfuegos, se organizó en México y se llevó a cabo en la isla, desde la Sierra Maestra a partir de fines de 1956. Los líderes cubanos se caracterizaban por usar barba.

Al ver los resultados de la revolución cubana, se copiaron esquemas similares en varios países del área latinoamericana. La guerra de guerrillas, era una lucha armada que efectuaban pequeños grupos de revolucionarios contra los ejércitos estatales con el fin de debilitar el gobierno en el poder y dar paso a un nuevo período en donde se solucionaran los problemas del país.

Algunos jóvenes colombianos quisieron imitar las acciones de Castro. Se dejaban crecer la barba como símbolo de rebeldía y cercanía con Fidel. Se formaron grupos en ciertas universidades colombianas. Estos Jóvenes idealistas protestando por la falta de oportunidades en educación, salud, vivienda, empleo, la aplicación de la justicia y la corrupción administrativa, entre otros factores, se fueron a las montañas. El proyecto fracasó. No tuvieron en cuenta algunos puntos fundamentales. Que el grupo que conformaban era muy pequeño, que el territorio colombiano es grande y difícil para hacer proselitismo y adoctrinamiento rápido como se necesitaba, la pericia del ejército y la idiosincrasia del pueblo colombiano entre otros. Algunos de ellos, más adelante sucumbieron ante las armas del ejército, otros permanecen en el territorio nacional o salieron del país.

"Consecuencias de la revolución cubana. Como toda revolución, ésta trae consecuencias positivas y negativas. Entre las primera tenemos que se logró un gran avance en la educación erradicando el analfabetismo; Los cubanos tienen un grado alto de educación generalizada; los servicios médicos, y hospitalarios fueron mejorados sustancialmente. Pero lo lamentable fue el paso a una dependencia mayor de la URSS por muchos años siendo ésta la que financiaba las necesidades económicas de la Isla; siguió siendo el azúcar el renglón importante de la economía para pagar la ayuda económica prestada por la Unión Soviética y para facilitar la adquisición de divisas y solucionar los problemas nacionales. A partir del año 1990 la URSS suspendió las ayudas debido a su crítico estado económico, que hizo que esta se desintegrara y desde entonces cuenta igualmente con el problema del racionamiento de los alimentos y, por último no existe una libertad política propia de los sistemas democráticos". <8>. Entre otras medidas, el gobierno cubano ha tratado de abrir de nuevo el turismo extranjero, para reactivar su economía.

EL FRENTE NACIONAL Y LAS GUERRILLAS. El frente nacional comenzó en 1958 con la elección de Alberto Lleras Camargo por un período de cuatro años. Este sistema alternativo entre liberales y conservadores, en cierta medida llenaba las expectativas de la guerrilla, especialmente en el Quindío. El obtener el cincuenta por ciento del poder en el gobierno, era un asunto muy importante.

Gran parte de los guerrilleros del Quindío se trasladaron a otras partes del país, especialmente hacia el Tolima en el Cañón de las Hermosas, donde vivieron pacíficamente.

Las dificultades de las guerrillas liberales comenzaron en el año 1962, durante el período de Guillermo León Valencia (1962-1966), el segundo mandato del Frente Nacional. En ese tiempo se creó la Brigada VIII. El ejército eliminó físicamente gran cantidad de cabecillas de los grupos armados. No cabe duda que tanto en la eliminación física de los violentos como en la evolución de su imagen y de las relaciones con la población civil fue un factor no desdeñable del Ejército.

PRESIDENTES DE COLOMBIA EN EL SIGLO XX

NOMBRE	PERIODO (AÑOS)	LGR DE NACIMIENTO
José Manuel Marroquín	1900-1904	Bogotá; 1827-1908
Gr. Rafael Reyes Prieto.	1904-1909	Sta Rosa de V.; 1849-1921
Jorge Holguín	1909	Nóvita; 1832-1894
Gr. Ramón González V.	1909-1910	Chitagá; 1851-1928
Carlos E. Restrepo	910-1914	Medellín; 1867-1937
José Vicente Concha	1914-1918	Bogotá; 1867-1929
Marco Fidel Suárez	1918-1921	Hatoviejo; 1855-1927
Jorge Holguín	1921-1922	Cali; 1848-1928
Pedro Nel Ospina	1922-1926	Bogotá; 1858-1927
Miguel Abadía Méndez	1926-1930	Piedra; 1867-1947
Enrique Olaya Herrera	1930-1934	Guateque; 1880-1837
Alfonso López P.	1934-1938	Bogotá; 1913-2007
Eduardo Santos	1938-1942	Bogotá; 1888-1974
Alfonso López P	1942-1944	Honda; 1886-1959
Darío Echandía	1944	Chaparral; 1897-1989
Alfonso López	1944-1945	Honda; 1886-1959
Albero Lleras Camargo	1945-1946	Bogotá; 1906-1990
Mariano Ospina Pérez	1946-1950	Medellín; 1891-1976
Laureano Gómez	1950-1951	Bogotá; 1889-1965
Roberto Urdaneta A.	1951-1953	Bogotá; 1890-1972
Gr. Gustavo Rojas P.	1953-1957	Tunja; 1900-1975
Gr. Gabriel París	1957-1958	Ibagué; 1910-2008
Gr. Rafael Navas Pardo	1957-1958	Ibagué; 1909-1990
Gr. Luis E. Ordoñez	1957-1958	Madrid; 1914-1990
Gr. Deogracias Fonseca	1957-1958	Ibagué; 1908-2006
C.Al. Rubén Piedrahita	1957-1958	Yarumal (Ant.); 1911
Alberto Lleras Camargo	1958- 1962	Bogotá; 1906-1990
Guillermo L. Valencia	1962- 1966	Popayán; 1909- 1971
Carlos Lleras Restrepo	1966-1970	Bogotá; 1908-1994
Misael Pastrana Borrero	1970-1974	Neiva; 1923-1997
Julio C. Turbay Ayala	974-1978	Bogotá; 1916-2005
Alfonso López M.	1978-1982	Bogotá; 1913-2007
Belisario Betancourt	1982-1|986	Amagá; 1923-

Virgilio Barco Vargas	1986-1990	Cúcuta; 1921-1997
César Gaviria	1990-1994	Pereira; 1947-
Ernesto Samper P.	994-1998	Bogotá; 1950-
Andrés Pastrana A.	1998-2000	Bogotá; 1954-

Fuerzas Militares. En la actualidad las Fuerzas Armadas de Colombia se dedican a su función principal que es preservar la soberanía del territorio colombiano y al mantenimiento de la unidad del Estado, en lo cual han sido exitosas, después del fiasco de Panamá.

Los dos bandos, llamados partidos liberal y conservador entendieron que no podían continuar con el pésimo registro que tenían hasta la fecha. Decidieron unir fuerzas para sacar a la administración de la época, a la cual no tenían acceso. De nuevo las ansias de poder de ambos grupos, llevaron a ponerse de acuerdo y compartir 16 años de administración, en períodos alternativos de cuatro años. Se dividía la administración, dando el 50% del ponqué burocrático al partido que estaba fuera del poder. Esto ayudó bastante en la disminución de la violencia, Sin embargo, ciertos individuos quienes pertenecían a uno de los dos bandos continuaron sus incontrolables fechorías contra la población colombiana. Para beneplácito de la población, unos de ellos murieron en sus acciones, otros eliminados por la fuerza pública y otros de vejez.

A pesar de los múltiples problemas internos y externos, el país ha ido progresando paulatinamente. No se ha avanzado a la rapidez que se necesita para mejorar substancialmente la economía del país y poder tener mejores factores de progreso. Sin embargo, muchos ciudadanos piensan que las posibilidades de que un grupo armado se tome el poder en la actualidad en Colombia, son mínimas. Los espacios abiertos dentro de la sociedad para que estas actividades prosperen, son cada día más estrechos.

Igualmente los analistas consideran que la única manera de tomarse el poder en Colombia es a través de las urnas de votación. Colombia es un país civilista por naturaleza. En esto, se diferencia substancialmente de algunos vecinos. La administración tipo castrense y el poder por las armas va en contra vía del modo de pensar de la gran mayoría del pueblo colombiano.

Comenzando los años 60, se inició en Colombia el movimiento de la nueva ola. Este movimiento, no únicamente se vivió en Colombia, sino en la mayoría de países civilizados del mundo. Fue un movimiento que trajo no únicamente nueva música, sino prominentes movimientos literarios y artísticos. Desafortunadamente algunos estimulantes y la marihuana especialmente, aparecieron en el mercado para quedarse. Otras drogas han ido añadiéndose a la lista de estimulantes disponibles para el consumo humano.

Dentro de este grupo de estupefacientes apareció en Colombia por los años 70 la cocaína, la cual ha traído problemas tanto de orden social como de salud, jurídicos y administrativos en el Estado colombiano. Por su rentabilidad, y debido a las condiciones económicas del pueblo colombiano la erradicación es bastante difícil y dispendiosa. El gobierno Colombiano ha tratado de erradicarla con un limitado éxito, debido a varios factores humanos y en especial al llamativo mercado externo. Desafortunadamente los gobiernos pensaron que existía únicamente el mercado externo y paralelamente con el correr de los años, el país pasó de productor a consumidor de drogas. En la actualidad es un problema delicado que ha y seguirá causando estragos en la población, especialmente en la juventud. Este es un problema que el gobierno tiene que estudiar cuidadosamente para darle una solución apropiada.

Las administraciones del Estado Colombiano posteriores a los del Frente Nacional, especialmente a partir de Agosto de 1982 pueden ser calificadas, sin lugar a equivocarse de mediocres a regulares en el mejor de los casos. Escasamente se les puede calificar globalmente con un tres raspado como se dice en las escuelas colombianas. Algunas de estas administraciones obtuvieron destellos aislados de progreso. Sin embargo todas sufrieron por lo menos de algunos problemas de corrupción administrativa, escándalos bancarios, tráfico de influencias, drogas, viajes inocuos al exterior por los mandatarios respectivos y sus comitivas, sistemas de salud inoperantes, vivienda, etc. A la administración 1990-1994 se le abona el comienzo de la apertura económica, aunque un poco rápida, se tenía que comenzar con algo y la administración del periodo 2002-2010, que aunque presenta fuertes altibajos (salud, déficit presupuestario, desempleo, deshonestidad de algunos miembros que están siendo investigados, etc.) tiene algo que mostrar en la parte económica y de seguridad nacional. Como toda administración alrededor del mundo, al final de un doble período, las administraciones sufren un desgaste que puede llevar a problemas mayúsculos. Por esa razón, es absolutamente necesario revisar los períodos presidenciales y el sistema de re-elección, para evitar daños irreparables.

Se puede concluir que el desempeño de los partidos conservador y liberal desde su inserción en la vida nacional ha sido funesto para el Estado en la mayor parte del tiempo. Por fortuna, ha habido estadistas y personas honestas, inteligentes y trabajadores excelentes, que aunque pertenecían a uno u otro bando por obligación, no representaban al partido como tal.

Para el ciudadano colombiano una persona educada, inteligente, honesta no es un honor pertenecer en la actualidad a cualquiera de los dos bandos. Los miembros de los dos lados, están ahí por gravedad, cobijados con un nombre oficial dado al partido respectivo. Estas malas copias deben desaparecer del estado, ahora que se están celebrando los doscientos años de independencia se debe acabar con las cosas que de alguna manera tuvieron que ser utilizadas, pero que ya son más una carga que una ayuda en el Estado. Se necesita independizarse de esas malas influencias y resabios políticos que han aquejado al Estado por muchos años. Hace unos años, algunos dirigentes le añadieron la palabra social a uno de los bandos y al otro lo matricularon en la Internacional Socialista con el fin de mostrarlos como una gran renovación.

Se equivocaron quienes trataron de resucitar a estos partidos. El pueblo colombiano ahora es más educado que hace unos años. La mayoría de colombianos que se interesa por la política por cualquier razón, investiga y pregunta antes de matricularse con cualquier tendencia política. Desafortunadamente a la mayoría de colombianos les interesa más un partido de futbol de la selección Colombia que el futuro del país donde viven (ver abstención en las elecciones) y que le dejarán a sus hijos. Las comunicaciones en el mundo (telefonía, radio, televisión, internet, etc.) han avanzado y se puede observar qué pasa en el interior y exterior del país, casi de manera instantánea. Se está comenzando a ver que los ciudadanos colombianos ya son más exclusivistas en ideas políticas. Lo que se necesita es algo nuevo, autóctono, no ideas extranjeras, añejas, incompletas, caducas y encima de eso, manejadas por algunos individuos inescrupulosos que poseen múltiples resabios que los ciudadanos honestos no comparten.

El congreso es básicamente la cúspide en la carrera de los miembros de los partidos políticos. Se ha probado múltiples veces, que la clase política actual no puede integrar un mejor congreso. Este grupo de legisladores, muchos de los cuales han calentado asiento por años, sin ninguna contribución al estado legislativo, deben ser prontamente removidos. Colocando un espejo en el pasado, se ve que el país siempre ha sido superior a sus dirigentes. Ha sobrevivido más de doscientos años.

Naturalmente, se reconoce que hombres prominentes han formado parte del congreso. Y que, estas personalidades le han prestado una gran labor al país. Comenzando por haberse aguantado por un tiempo los vecinos de curul, muestran y mostraron una gran persistencia y un aguante heróico por donde quiera que se les observe. Sin embargo, éste grupo de legisladores no es el más homogéneo desde el punto de vista profesional y ético.

El congreso es considerado por innumerables ciudadanos como la cabeza de la corrupción en Colombia. Si la cabeza legislativa falla por múltiples razones, los resultados no se hacen esperar. Ahí, se puede explicar claramente qué clase de país se tiene. Esto, hace concluir que es absolutamente necesario cambiar las reglas de juego prontamente para que al Congreso se integren ciudadanos profesionales de altas calidades éticas, morales y humanas.

El desprestigio de los partidos políticos se ha visto en las elecciones de los últimos años. Los ciudadanos colombianos están cansados de estos grupos y quieren cambiarlos. Y se ha llegado hasta el colmo que el gobierno con dinero proporcionado a través de los impuestos pagados por los honestos trabajadores colombianos, les financien las elecciones para que los miembros del congreso sobrevivan. Aún más, ahora con dinero del pueblo se transmiten las sesiones del congreso, donde se aprecian a estos « legisladores » cuando asisten a la oficina, hablando por teléfono (que también lo paga el fisco nacional) cuando se debe estar atento al debate y dando un pésimo ejemplo a quienes pagan por esa institución de cómo se participa en los asuntos tratados en ese recinto.

OCTAVA PARTE

ACTUALIDAD COLOMBIANA

Recientemente se han celebrado los 200 años de haber obtenido la independencia nacional (1810-2010). Esta es una fecha en la cual se debe hacer un balance general del tiempo pasado y programar eficiente y cuidadosamente el futuro. Ciertamente, el país ha avanzado, pero no a la velocidad esperada, sin embargo no se puede ser conformista con lo que se ha logrado. El desarrollo del país pudo haber sido mucho mejor. Multitud de problemas han jugado en contra de éste proceso. Se han registrado problemas naturales (terremotos, inundaciones, deslizamientos de tierras, etc.), problemas internos (confrontaciones armadas por el poder, corrupción, administraciones ineptas, vandalismo, contrabando, tráfico de drogas, nepotismo administrativo y muchas más) y externos (problemas económicos, políticos y sociales de los socios comerciales, aciertos y errores en la política externa).

A continuación se presenta una lista de las principales entidades y elementos que forman parte del conjunto del Estado Colombiano:

1) EL TERRITORIO NACIONAL. Un magnífico país, que encierra arroyuelos, ríos, montañas, llanuras, mares, flora y fauna que embellecen el paisaje enmarcados en un área de 1,141.441 kilómetros cuadrados.

En pasados años se firmaron tratados con países vecinos sin mayores problemas para delimitar el área del territorio colombiano. Sin embargo, recientemente Nicaragua ha desconocido el tratado que se firmó con esa nación hace más de ochenta años.

De acuerdo al tratado Esguerra-Barcenas firmado en 1828, Nicaragua y Colombia acordaron unos límites. Por este tratado Colombia reconoció la soberanía y pleno dominio de la República de Nicaragua sobre la costa de Mosquitos comprendida entre el Cabo de Gracias A Dios y el rio San Juan y sobre las islas mangle grande y mangle chico en el océano Atlántico; y la Republica de Nicaragua reconoce la soberanía y pleno dominio de la Republica de Colombia sobre las islas de San Andrés, Providencia, Santa Catalina y todas las demás islas, islotes y cayos que hacen parte de dicho archipiélago de San Andrés.

No se consideraron incluidos en este tratado los cayos de Roncador, Quitasueño y Serrana; el dominio de los cuales estaban en esa fecha en litigio entre Estados Unidos de América y Colombia.

Este tratado fue desconocido por el gobierno de Nicaragua en tiempos recientes. Nicaragua acudió a la Corte Internacional de La Haya, reclamando la soberanía sobre el mar territorial y el territorio reconocido en el Tratado Esguerra- Bárcenas de 1928.

Colombia ejerce soberanía sobre la costa de Mosquitos y las islas de San Andrés desde 1803 hasta la fecha de acuerdo a cedula Real de esa fecha, la cual se transcribe a continuación:

"Real Cedula del 20 de Noviembre de 1803. Por esta cedula se dispuso que la costa de los Mosquitos y las Islas de San Andrés pasen desde la Capitanía General de Guatemala al Virreinato de La Nueva Granada, siendo gobernadas por la Provincia de Cartagena.

REAL ORDEN DEL 20 DE NOVIEMBRE DE 1803
QUE INCORPORA A SAN ANDRÉS AL VIRREINATO
Excelentísimo señor

El Rey ha resuelto que las Islas de San Andrés, y la parte de la costa de Mosquitos desde el cabo de Gracias a Dios inclusive hacia el Rio Chagres, queden segregadas de la capitanía general de Guatemala, y dependientes del Virreinato de Santa Fe, y se ha servido S.M. conceder al gobernador de las expresadas islas Don Tomas O. Neille el sueldo de dos mil pesos fuertes anuales en lugar de los mil y doscientos que actualmente disfruta. Lo aviso a Vuestra Excelencia de Real Orden a fin de que por el ministerio de su cargo se expidan las que corresponden al cumplimiento de esta soberana resolución. Dios guarde a Vuestra Excelencia muchos años, Sn Lorenzo 20 de noviembre de 1803.

Joseph Antonio Caballero
Al Señor Don Miguel Cayetano Soler". <2>

En Noviembre de 2012 la Corte Internacional de la Haya, decretó que aproximadamente 75,000 kilómetros del mar territorial en el Caribe fueran entregados a Nicaragua. Este país tiene aspiraciones de obtener un área mayor, en el futuro cercano. Aparentemente, la desidia, falta de coordinación, conocimientos e interés de los ocho últimos gobiernos han llevado a la sentencia catastrófica de la Corte Internacional de la Haya en contra de los intereses de Colombia. En el período final de la Gran Colombia, se perdieron los territorios de Venezuela y Ecuador (aproximadamente 1´271.031 kilómetros cuadrados).

En 1903 se perdió Panamá (75,420 kilómetros cuadrados aproximadamente), básicamente por las mismas razones anteriores de los gobiernos de esas épocas, confrontación entre los partidos políticos, desidia, falta de conocimientos e interés de las respectivas administraciones). Se ha perdido aproximadamente el 53% del territorio nacional desde_la Gran Colombia hasta la fecha (sin contar el área de litigio con Nicaragua). Y tenemos un litigio con Venezuela pendiente en el área del Lago de Maracaibo.

Aunque los colombianos tienen la esperanza de tener un mejor país, conservando el área tanto marítima como continental, se debe aceptar que Colombia es un país en vías de desintegración. En el siglo XIX se llamaba La Gran Colombia, ahora se llama Colombia y en el futuro cercano se llamará La pequeña Colombia, o Colombita o quizás (ojalá que no) su nombre desaparecerá para siempre del mapa, si usted ciudadano colombiano permanece indiferente a la suerte del territorio nacional y no ayuda (por lo menos con su voto honesto de acuerdo a sus principios y libre decisión) a que se tomen medidas urgentes para evitar su desintegración. "En encuesta realizada en el año 2013 el 62% de los colombianos expresaron que el país va por mal camino" <39>.

En la segunda parte de Agosto, 2013 La Canciller Colombiana expresó: "No está mal recordar que el actual Gobierno ha debido afrontar el fallo adverso de un proceso que tomó once años. En 2007 La Corte reconoció la soberanía colombiana sobre San Andrés y Providencia, pero en su decisión expresó además que el meridiano 82 no era el límite marítimo y que entraría a definirlo. Los colombianos no nos dimos cuenta entonces de la gravedad de la decisión: nos impondrían un límite marítimo. Debemos tener cuidado de todas y cada una de las frases que salen de nosotros. Estamos hablando de un complejo tema jurídico; de la defensa de los derechos de los pobladores; de la promoción del desarrollo y la sostenibilidad ambiental; de la integridad del archipiélago y del entendimiento con aquellos países respetuosos de las reglas de convivencia internacional.

Muchos colombianos preocupados y angustiados nos han dado sus opiniones, sus interpretaciones y posibles soluciones. Hemos escuchado todas las voces y todas ellas las hemos transmitido a los abogados para su estudio jurídico.

Tenemos muy claro que es necesario defender la integridad del archipiélago, los derechos de pesca de los pobladores locales tal como los han ejercido por múltiples generaciones y la reserva de biosfera Seaflower, que la Unesco definió en 2005. Pero también tenemos claro que es necesario actuar con precisión y gran responsabilidad, sin la ligereza y falta de rigor jurídico con la que algunos opinan.

La defensa de los derechos de los colombianos es un tema que debe estar por encima de las diferencias políticas, personales y sociales. Unidad es lo que necesitamos para hacer frente al fallo de La Haya".

En los siguientes días que se conoció el veredicto de la Corte Internacional de Justicia de la Haya, algunos "eruditos en leyes locales e internacionales colombianos" daban declaraciones a los periodistas de radio, prensa y televisión, que el fallo se tenía que acatar porque Colombia ha sido siempre respetuosa de los fallos internacionales y el país debería seguir en la misma tónica. Cuando se firma un Pacto es para cumplirlo necesariamente, pero esto también depende de cuando y como. Se entiende que la convivencia internacional es importantísima, sin embargo cuando un fallo de quien venga no se ajusta a la situación real de lo que se expone, es necesario hacer un paréntesis y proponer otras soluciones que satisfagan a las partes en conflicto. Y por muy erudita que sea una Corte de Justicia, nacional o internacional, siempre tienen algunos errores de mayor o menor cuantía en sus fallos. Las Cortes Terrenales no emiten conceptos o "Fallos Salomónicos". De eso se debe tener un concepto muy claro.

La periodista María Isabel Rueda le hizo una entrevista al abogado Juan Daniel Jaramillo Ortiz la cual apareció en el periódico El Tiempo de Bogotá en su edición de Agosto 20, 2013, pp 1 y 17) referente al litigio con Nicaragua <43>. El abogado Juan Daniel explicaba que el fallo tenía inconsistencias y que el fallo es inaplicable. Igualmente señaló que todos los presidentes y sus ministros de relaciones exteriores desde Turbay Ayala hasta Santos manejaron ese proceso. Unos con mayor o menor grado, sin embargo todos son partícipes de ese proceso. Al final la periodista hace una pregunta refiriéndose a rumores persistentes de que el fallo era conocido con anterioridad y el abogado contestó que lo había escuchado insistentemente.

Esto último induce a concluir que los nicaragüenses no se durmieron, conocían la importancia del proceso, trabajaron juiciosa y metódicamente en el proyecto, movieron sus fichas políticas nacionales e internacionales oportunamente, quizás estimulados por beneficios materiales de alguna(s) fuente(s) interesada (s) en posicionamiento económico en la región.

En los meses siguientes al fallo de la Haya se fueron conociendo detalles a través de los medios de comunicación local. El gobierno colombiano decidió contratar los servicios de influyentes abogados de todas las especies para tratar de encontrarle una salida al problema que acababa de explotarles en las manos por el mal manejo dado al mismo proceso durante muchos años. Los resultados estaban a la vista y publicados en diferentes naciones, periódicos e idiomas, con lo cual el gobierno colombiano no podía mantener el secreto.

El primer mandatario no tuvo otra alternativa que viajar a San Andrés con su ministra de Relaciones Exteriores para tratar de apaciguar los ánimos de los Isleños, quienes se sentían totalmente desprotegidos y abandonados por el gobierno central. Los isleños se quejaban porque inexplicablemente ellos fueron mantenidos en la oscuridad durante todo el proceso, aparentemente los primeros afectados, así como el resto de los colombianos nunca fueron consultados o informados. Unos meses después de estas visitas, pacíficamente, los isleños reclamaron la falta de cumplimiento de las promesas efectuadas durante la visita del primer mandatario después del fallo. Por el momento todo parece en calma, pero el proceso sigue su curso y la Armada Nacional continúa cuidando el archipiélago de San Andrés y sus pescadores.

El gobierno de Colombia tiene una Junta Asesora de Relaciones Exteriores, la cual se entiende está compuesta por el presidente, los expresidentes de la república, el ministro de relaciones exteriores, los exministros de relaciones exteriores, la comisión asesora de relaciones exteriores del congreso y posiblemente otros asesores. Se entiende que las reuniones son periódicas o solicitadas por el primer mandatario cuando lo considere necesario para discutir los problemas relacionados con los asuntos extranjeros. Si todo es como se plantea, es necesario conocer pormenores de las actividades de esa junta y el resultado de esas reuniones. Por ejemplo: ¿Cuantas veces se trató en cada período presidencial el litigio con Nicaragua, el cual fue un proceso de aproximadamente 35 años? ¿Se le dio la importancia que esta requería teniendo en cuenta que se jugaba una parte del territorio colombiano? ¿Quienes participaron y cuáles fueron sus opiniones? ¿Por qué se acudió a la Corte Internacional de Justicia de La Haya, si aparentemente éste no era el camino? ¿Quien decidió? ¿Conocían los miembros de la Junta Asesora de Relaciones Exteriores lo que decía La Constitución de 1991? ¿Por qué no acataron la Constitución, que los movió a desviarse de ese procedimiento? ¿Qué acciones investigativas y correctivas ha tomado el Congreso? ¿Qué opinan los partidos políticos de los resultados del proceso y que tan responsables son ellos en ese caos? ¿Y la parte económica que? ¿Cuánto se ha gastado y se espera gastar del erario para tratar de solucionar el problema? ¿Quién responde por esos gastos?

Todo parece indicar que los altos mandos del gobierno no conocían la Constitución de Colombia y se necesitó contratar abogados nacionales e internacionales para que les explicaran que la solución estaba en la Constitución de Colombia de 1991. Increíble pero todo apunta a esa triste realidad.

Qué dice la Constitución de Colombia: "Artículo 101: Los límites de Colombia son los establecidos en los tratados internacionales aprobados por el Congreso, debidamente ratificados por el Presidente de la República y los definidos por los laudos arbitrales en que sea parte la nación.

Los límites señalados en la forma prevista por esta Constitución, solo podrán modificarse en virtud de tratados aprobados por el Congreso, debidamente ratificados por el Presidente de la República.

Forma parte de Colombia, además del Territorio Continental. El Archipiélago de San Andrés, Providencia y Santa Catalina, la isla de Malpelo, además de las islas, islotes, cayos, morros y bancos que le pertenecen.

También son parte de Colombia, el subsuelo, el mar territorial, la zona antigua, la plataforma continental, la zona económica exclusiva, el espacio aéreo, el segmento de la órbita geoestacionaria, el espectro electromagnético y el espacio donde actúa, de conformidad con el derecho internacional o con las leyes colombianas a falta de normas internacionales".< 46>.

Al acercarse el primer año del fallo de la Haya, el gobierno expidió los siguientes decretos:

"**Decreto.** Mediante decreto expedido en Septiembre, 2013 el Gobierno declara la existencia de una zona contigua integral en el archipiélago de San Andrés, Providencia y Santa Catalina y todos sus cayos, para mantener la integridad del departamento.

Zona Contigua. Doce millas náuticas adicionales al mar territorial, para un total de 24 millas náuticas. La zona contigua es un área marina a la que tiene derecho todo Estado con mar. Se aplica tanto al continente como a las islas y cayos. Como su nombre lo indica, la zona contigua es el área siguiente al mar territorial en la cual el Estado tiene facultades de jurisdicción y control en lo referente a asuntos de seguridad, fiscales, aduaneros, ambientales, de integración y sanitarios entre otros. También puede sancionar las infracciones de sus leyes cometidas en ese territorio.

Mar Territorial. Doce millas náuticas equivalentes a 22.2 kilómetros. Es la franja de mar adyacente al territorio. En este espacio el Estado ejerce soberanía total, incluyendo su lecho, subsuelo y el espacio aéreo. Está permitido únicamente el paso inocente de embarcaciones identificadas con banderas de otros países, que naveguen sin detenerse y en forma pacífica". <20>.

En noviembre, 2013 el gobierno de Nicaragua insistió en obtener el control del área designado por la Corte Internacional de la Haya en el veredicto anunciado anteriormente. El gobierno colombiano ha anunciado que acata el fallo de la Corte, pero que el fallo es inaplicable. Cada vez que se habla del conflicto con Nicaragua en los periódicos extranjeros, nacionales o cuando Nicaragua de una u otra forma hace referencia al conflicto, la Canciller colombiana expresa que el gobierno colombiano está analizando el fallo, que se han reunido con la Junta Asesora de Relaciones Exteriores, que un grupo de expertos abogados están estudiando el caso, que están haciendo consultas con Panamá y Costa Rica porque ellos tienen también problemas con Nicaragua porque este país tiene ambiciones expansionistas, que el Presidente de la Republica va a hablar con tal o cual mandatario u organización durante su próximo viaje al exterior, etc. etc., pero nada sólido en defensa y en definitiva. Se habla mucho, pero no se dice ni se hace nada que el público conozca. El oscurantismo noticioso es casi total, similar con el que se manejaba el proceso en La Haya antes del Fallo de la Corte Internacional y de ahí los resultados que todos los ciudadanos colombianos conocen.

2) PROTESTAS DE LA CIUDADANÍA. En la actualidad el país se encuentra administrativamente muy regular. Se notan las buenas intenciones del ejecutivo, pero su gobierno es lejano, vacilante y tardío en actuaciones. Se puede apreciar una falta absoluta de coordinación en el gobierno para tomar decisiones con el fin de tratar de resolver los problemas que se presentan diariamente. No

se previenen situaciones y se espera a que los problemas se agranden para tratar de buscarles solución. Aún más, el gobierno es arrogante en sus declaraciones. Y aun peor, se les solicita a las partes en conflicto que, cuando estén dispuestos a negociar los esperan en Bogotá. El tiempo pasa y para cuando se trata de solucionar cualquier impase, las pérdidas son millonarias, multitud de daños se han causado a propiedades del Estado y privadas, lo cual probablemente se hubiera evitado con un tratamiento del conflicto con más premura, que la que generalmente toman para ello.

Cualquier persona, con mínimo sentido de análisis, se puede dar cuenta del mal manejo que el gobierno le ha dado a los paros recientes en el país. Un ejemplo claro, es el paro agrario que se llevaba a cabo en varios departamentos del país. Los noticieros hablados y escritos daban cuenta de los bloqueos que se estaban llevando a cabo en varias carreteras del país por los 7 días anteriores. Se mencionaba el desabastecimiento en las centrales de abastos de varias ciudades, la falta de combustible y la imposibilidad de viajar por esas carreteras. Ciudadanos locales y extranjeros clamaban para que los sacaran de los sitios donde estaban paralizados por falta de transporte.

Los ciudadanos esperaban que el gobierno estuviera haciendo algo para solucionar ese impase. La gran sorpresa fue cuando en una alocución presidencial se dijo que el tal paro agrario no existía. Perplejos los ciudadanos ante tal afirmación, pensaron que el presidente no veía los noticieros locales, no leía los periódicos, los concejeros no le pasaban la información correcta y no estaba al tanto de lo que ocurría a sus alrededores, estaba dedicado únicamente a esperar las noticias provenientes de la Habana referente al proceso de paz que, ha sido su bandera principal de gobierno o aun peor un desprecio total por el clamor de los ciudadanos que viven en la misma área donde está localizado el Palacio de Nariño (Sede Presidencial de Colombia) y en especial por el campesinado colombiano.

Al día siguiente de la declaración presidencial, la respuesta de los manifestantes no se hizo esperar. Otros sectores de diferentes departamentos apoyaron el paro agrario. La situación se agravó. Fuerzas desconocidas de agitadores se unieron a los manifestantes y comenzaron las quemas de llantas, vehículos y las refriegas con los policías se incrementaron. En el noveno día el gobierno central, por fin notó que existía un problema delicado de orden público y tomó algunas acciones. Es inexplicable como el gobierno municipal, en esas circunstancias autorizó varias marchas hacia el centro de Bogotá. Las concentraciones de manifestantes se convirtieron en refriegas entre la policía y revoltosos enmascarados que infiltraron las marchas.

Los noticieros también informaron de enmascarados dentro de la Universidad Nacional en previos días. Los grafiteros, ésta vez, como lo han hecho en meses pasados, aprovecharon para manchar y dañar las paredes del centro de la ciudad con avisos y consignas a diferentes grupos políticos. En varias zonas de la ciudad se necesitó implantar el toque de queda y la ley seca, después que saqueadores destruyeron varios negocios en el centro de Bogotá como también restaurantes y almacenes de Soacha, Bosa y Suba. Algunos vándalos han sido aprehendidos y serán judicializados. Otros continuaban siendo buscados. Bogotá fue militarizada para tratar de imponer el orden en la ciudad. A partir del onceavo día, las vías de Boyacá, Cundinamarca y Antioquia fueron despejadas. El paro agrario continuó mientras se realizaban conversaciones para tratar de solucionar las peticiones de los campesinos. Sin embargo en el sur del país, Cauca, Nariño, Putumayo y parte de Tolima los manifestantes mantuvieron la huelga y los bloqueos de vías. Los nariñenses estaban exigiendo que el Presidente fuera a dialogar con ellos. Este paso se pudiera evitar, si los ciudadanos tuvieran confianza en la capacidad administrativa de los alcaldes, gobernadores y emisarios del gobierno central (ministros, consejeros, zares, etc.).

El presidente llamó a una reunión urgente a Bogotá a todos los gobernadores y a los alcaldes de las ciudades principales del país. Aparentemente, el tema del encuentro era la situación de orden público en todo el territorio nacional. Es importante notar que los alcaldes y gobernadores son parte del gobierno y son los primeros contactos del gobierno para solucionar cualquier impase que se presente en sus territorios. Actualmente todos los problemas se vienen directamente hacia Bogotá y son enviados inmediatamente a la oficina de la primera magistratura.

Antes de éste paro, una huelga similar fue realizada por los caficultores y posteriormente por los habitantes del Catatumbo. Esta huelga llegó a casi dos meses. Los manejos por parte del gobierno fueron similares.

Después de los dos paros mencionados anteriormente, el 53% de colombianos cree que el gobierno ha manejado mal los paros. <39>. (Ver revista Semana, edición 1631).

En Marzo/Abril del 2014 los agricultores regresaron a protestar por el incumplimiento del gobierno de las promesas presentadas en el año 2013. El gobierno explicaba que las protestas tenían tinte político debido a las elecciones que se aproximaban y los huelguistas querían presionar al gobierno, quien estaba al día con todo lo prometido en el 2013. Finalmente, los huelguistas se reunieron con el gobierno y se llegó a un arreglo para desmontar el paro.

3) INSEGURIDAD. Los atracos en las calles de las principales ciudades del país es escalofriante (Bogotá, Medellín, Cali, Barranquilla, Bucaramanga, Cúcuta, Cartagena y Buenaventura). Casi todos los días aparecen en los noticieros locales estos sucesos. En todo el país, los extorsionistas hacen su agosto todo el año, con la mirada impávida de las autoridades. Recientemente, la rata de secuestros efectuados por grupos subversivos y delincuencia común, ha disminuido ligeramente, sin embargo todavía es una noticia cotidiana, al igual que los crímenes contra las mujeres, ancianos y niños.

Las administraciones gubernamentales no han tomado conciencia de éstos problemas. Los sucesos cotidianos los ven como cosas normales que suceden y no se hacen oportunos y suficientes esfuerzos para remediar esta situación.

"Los robos en el transporte público, buses articulados y alimentadores de transmilenio en Bogotá siguen manteniéndose. Durante el año 2012 (enero-agosto) se reportaron 528 casos de atracos, en el 2013 en el mismo período se han reportado 497. Solo existen 9 detenidos. Las demás detenciones que han hecho los uniformados han terminado con la libertad de los responsables por parte de la Fiscalía o jueces de la República. La Sijín dice que el sub-registro de los robos es bastante alto, la gente no denuncia por muchas razones. Los principales elementos siguen siendo: celulares, billeteras, joyas, relojes y otros objetos de menor cuantía". <16>.

En Enero 9 de 2014, los periódicos informan que el 90% de los que roban celulares quedan en libertad. En el año 2013 en todo el país se robaron 907,107 celulares. De los 12,740 capturados en 2013, solo permanecen detenidos 1275 ladrones. Cada hora se roban más de 100 celulares, de los cuales el 29% de ellos en Bogotá. Se calcula que este negocio produce 600 millones de pesos diariamente.

La gente no denuncia porque sabe que los jueces no hacen nada. Se está pagando por tener jueces que califican esto como hurto simple y los dejan libres. En el 2013 la policía capturó en todo el país 278,024 personas de las cuales 12,740 formaban parte de las redes que roban teléfonos. Varias personas han sido heridas o han perdido la vida cuando tratan de oponer resistencia para que no les roben los celulares.

Recientemente un miembro de la DEA fue asesinado en Bogotá en un paseo millonario. A los dos días los culpables (con ayuda del gobierno norteamericano), fueron aprehendidos y judicializados. Los noticieros informaron que otros 35 casos que fueron denunciados durante 2013, estaban en investigación. Probablemente la principal razón para que las investigaciones no tuvieran prioridad es que las víctimas son colombianos.

4) HABITANTES. Una maravillosa diversidad humana, con muchos matices y culturas, con deseos de progresar, que enriquecen y le dan lustre a cada metro del territorio nacional que ocupan. Un potencial humano, que produciría envidia en cualquier país del universo. Sin embargo, es muy notoria la separación de los diferentes grupos, indígenas, mulatos, afro-descendientes, mestizos y otros grupos de recientes y pasados inmigrantes.

Desafortunadamente, en Colombia impera la corrupción, la impunidad y la violencia. Es uno de los países más corruptos del mundo. El colombiano es bastante egoísta, permisivo y de corta memoria si tiene un beneficio económico a la vista.

En Bogotá y sus alrededores, se nota un desprecio por la ley, se ven conductores que se pasan los semáforos en rojo, no pocos vehículos privados, pero principalmente los taxistas y los buses y luego se paran 30 metros adelante a recoger pasajeros. En las horas de la noche, probablemente debido a la inseguridad, los taxistas no respetan el cambio de luces de los semáforos. Esto es un peligro para el peatón y un desprecio absoluto de las regulaciones policiales.

El deterioro de las reglas de convivencia ciudadana y el irrespeto por el vecino es bastante marcado; gente botando basura en las calles donde acaban de limpiar y donde existen recipientes para estos menesteres; ladrones llevándose la tapas de las alcantarillas de los drenajes de las calles, por esto varios niños han muerto recientemente; gente dándosela de avispados y pasándose adelante sin hacer fila en los teatros, centros comerciales, hospitales, etc. y lo que es peor, conductores adelantándose a través de las zonas verdes o lugares para parquear carros que pudieren tener problema mecánicos, haciendo maniobras peligrosas en menoscabo de quienes pacientemente tratan de arreglar el problema.

El nepotismo es generalizado en la administración. En las elecciones que se acaban de realizar en Marzo 9, 2014 para el congreso, según publicaciones de diarios colombianos varios familiares (hermanos, hijos, nueras, etc.) de políticos que han calentado sillas en el Congreso principalmente por muchos años o que han ocupado posiciones de comando en los gobiernos anteriores fueron elegidos. Estos casos son comunes en departamentos como Cundinamarca, Antioquia, Santander, Norte de Santander, Bolívar, Sucre y Córdoba, Risaralda y la capital de la república.

Los candidatos para las presidenciales que se llevarán a cabo en unas semanas más adelante son también hijos o nietos de expresidentes, solo por nombrar unos pocos casos. Otros candidatos al Congreso de similar extracción familiar no clasificaron. Los ex presidentes, ex ministros, ex congresistas, ex embajadores, ex jefes de institutos estatales, ex gobernadores, ex alcaldes, etc., quieren imponer a sus hijos, nietos y familiares en la administración pública.

Desafortunadamente, esta gente desde hace muchos años ha vivido colgada del erario y preparan a sus descendientes para hacer lo mismo, respaldada en el clientelismo, para menoscabo de los colombianos y del progreso del país. Esta situación es injustificable e insostenible en un país que quiere desarrollarse y ponerse a tono con el progreso del mundo. Estos individuos no tratan de trabajar en otras labores que le sean benéficas al país y no le dan la oportunidad de ocupar esas posiciones a gente de mayores atributos físicos, morales e intelectuales. Lo anterior se palpa en la vida diaria colombiana y ha sido documentado en los libros de historia como también por estudios de universidades en el país.

5) EL CONGRESO. Cada vez que se han elegido los congresistas los analistas políticos se preguntan, ¿Cuántos de esos miembros están siendo investigados por diferentes transgresiones a la justicia colombiana? ¿Cuándo el Congreso se liberará de los vicios que lo han aquejado especialmente en las últimas décadas? Algunos han llegado a considerar que la composición del Congreso no le hace un favor a la democracia.

El actual Congreso de la República, que supuestamente representa la democracia nacional, cumpliendo ligera y vagamente con sus atribuciones, tiene una ética, con posición y eficacia que deja muchísimo que desear y está lejos de satisfacer las necesidades del pueblo colombiano. Por las actuaciones de los congresistas, se puede observar que gran parte de sus miembros esperan prebendas del gobierno. Son marionetas que se mueven por las cuerdas económicas de donde caerá algún beneficio para llenar sus bolsillos y su ego personal. Son fichas cuyos movimientos van de acuerdo a sus intereses privados, trabajan para ellos, y no para beneficio de quienes ellos representan.

Recientes actuaciones del Congreso, como la reforma a la justicia discutida recientemente, donde el gobierno decidió solicitar hundir el proyecto por malos manejos de los congresistas encargados de procesarlo y aprobarlo. Viajes oficiales al exterior sin ton ni son totalmente improductivos.

La cantidad de congresistas en la presente legislatura es abrumadora e innecesaria. Para acomodarlos, ha sido necesario habilitar varias oficinas de edificaciones aledañas al edificio original del Congreso. Si la tendencia es de seguir aumentando el número de miembros, será necesario, hacerle un segundo piso al actual edificio, que sería lo menos, lo más serían los costos que vendrían del bolsillo del contribuyente colombiano.

A continuación se encuentra un comentario mediático sobre los grandes proyectos que generalmente se discuten en el congreso y que causan escozor entre los colombianos:

"Feria de Pensiones". Así llamaron algunos periodistas sus columnas al anunciar los proyectos que se presentaron en la Cámara.

Durante los últimos años la voracidad por el dinero ha sido demostrado por quienes son nombrados en el Congreso, pareciera que quisieran dejar sin fondos el erario y sin interesarles que otros colombianos se encuentran en peores condiciones económicas de quienes cada día tratan de asegurarse más dinero del Estado para su bolsillo.

Es natural y se sobreentiende que cada trabajador no únicamente en Colombia, sino alrededor del mundo trate de mejorar sus entradas para tener una vida más digna y placentera, que cubra todas sus necesidades y no tener contratiempos por cuestiones económicas. Sin embargo es necesario que los servidores públicos, así sean de la más alta alcurnia en el gobierno entiendan que como ellos existen millones de personas en el país que no ven con buenos ojos la aprobación de salarios, primas, bonos y muchas prebendas más, calificadas de exageradas para el medio en que se vive y se trabaja y que el resto de trabajadores no gozan. Una cosa es tener la fortuna de formar parte de la dirigencia de una institución gubernamental, donde se manejan presupuestos y se planean diferentes tipos de actividades y otra es abusar de esa posición, temporal o permanente, como existen casos, para su explotación personal y no en beneficio de quienes representan, causándole un flaco favor a la institución que los ha acogido en su seno.

Es entendible que cada persona, dependiendo de sus capacidades intelectuales, y físicas trate de obtener mejores entradas, haciendo uso de su pericia como empresario, o asalariado en empresa privada o públicas, pero en posiciones gubernamentales, esto no puede ir en detrimento del resto de sus ciudadanos que laboran con el Estado, por un lado y por el otro, para mayores gastos del gobierno de cualquier índole se tiene que apelar a nuevos o impuestos más altos que va en contra de todo el pueblo colombiano.

Se sabe de un proyecto presentado en la Cámara para incrementar en 25% las mesadas de los parlamentarios que gozan de pensiones desde antes de 1992.

¿Por qué no se presentan los mismos proyectos cubriendo a todos aquellas personas que tienen una pensión de un salario mínimo? Los congresistas y magistrados pensionados gozan de entradas privilegiadas comparadas con el resto de pensionados del Estado.

Cuando se acerca la época de elecciones algunas prebendas para quienes pueda ayudar en levantar votos son bienvenidas. Especialmente aquellos que su oficio es directamente político. Quienes tratan de obtener un poder o extenderlo, tienen que hacer relaciones públicas que generalmente vienen pegadas con algún costo. ¿Quién paga esos costos? Es el punto clave en estos casos. Eso no se toma en cuenta. Lo que se necesita es sacar adelante las relaciones públicas y los compromisos que se adquieren. Aunque las decisiones que se tomen causen un trastorno en procedimientos gubernamentales y de paso traigan muchas preguntas tanto de ética, como legales no es el caso en determinadas situaciones.

El Consejo de Estado, en toda su sapiencia había anulado la prima especial de servicios que se les pagaba a los congresistas y magistrados. El monto de la prima únicamente, es de aproximadamente 12 salarios mínimos.

El gobierno mediante decreto re estableció la prima, con el argumento que 2000 funcionarios públicos se verían afectados con este recorte.

Las reacciones en la ciudadanía fueron de rechazo a ésta medida, aunque no hubo manifestaciones en su contra. Una buena parte de la clase política estaba contenta y no existía posibilidades de demostraciones callejeras por tal hecho. Los que si quedaron paralizados fueron los miembros del Consejo de Estado, quienes de ahora en adelante tendrán que consultar con el gobierno para ver si sus decisiones se ajustan a los gustos legislativos de alto nivel antes de cualquier publicación.

Como de costumbre varios congresistas aplaudieron la medida, pero hubo disidencias en estas apreciaciones. Otros consideraron que estos privilegios eran innecesarios e injustificables.

"El ministro de Hacienda y Crédito Público acotó: "aunque a la gente le suene bien la reducción de salario de un congresista" no convienen los cargos "mal remunerados"."<13>.

Lo ideal sería tratar de darles al resto de trabajadores del Estado un tratamiento similar. Sin embargo debido a problemas económicos se necesita actuar en sentido inverso, desmontando prebendas para ciertos grupos y así evitar discriminaciones y el resto de problemas que vienen asociados a estas acciones de un manejo impropio en política de salarios.

La composición del Congreso que comienza sus funciones a mediados del año 2014, no cambió sustancialmente en las recientes elecciones del nueve de Marzo, una que otra cara nueva, pero en general se mantiene el mismo grupo del presente. Como ha ocurrido anteriormente, según los periódicos locales una cantidad sustancial de miembros del próximo congreso son familiares de personas que están siendo investigadas por diferentes problemas con la justicia. Y lo más significativo es que estos miembros del nuevo Congreso son parte integral de casi la totalidad de partidos representados en la institución. Una vez más, la ética de los partidos ha sido puesta en duda por la aceptación de algunos miembros en su seno. En definitiva y debido a su composición, el Congreso continúa con los mismos problemas de ética de los congresos anteriores.

Por estas y muchas razones más, en una encuesta llevada a cabo recientemente, se encontró que es en la entidad que menos confianza tienen los colombianos. Hace unos pocos años un Senador en un arranque bastante raro de honestidad pública refiriéndose a la clase política dijo: "O cambiamos o nos cambian ». Efectivamente, la clase política no se dio por enterada y no han cambiado. Entonces.......es absolutamente necesario cambiarlos. Ellos mismos son conscientes de la problemática nacional.

6) CONSTITUCIÓN NACIONAL. Para reemplazar la Constitución de 1886 la cual había tenido varias reformas desde su publicación, fue necesario crear una Asamblea Nacional Constituyente en 1990, la cual trabajó y publicó la nueva carta a mediados del año 1991. Quedaron varios temas que no fueron incluidos o que debieron reformarse para ponerla a tono con los nuevos desarrollos del país. Desde la publicación oficial de la Constitución de 1991, se le han hecho 37 reformas y otras se encuentran en trámite. Esta Constitución que es voluminosa, ha sido sometida al escrutinio público y todavía se siente la necesidad de revisarla para introducir cambios que conlleven al mejoramiento de la ética, calidad y eficacia de los miembros de las instituciones gubernamentales.

7) EJÉRCITO. El Ejército es una institución decidida a defender la soberanía y unidad nacional. El número de miembros del ejército han ido aumentando considerablemente para suplir las necesidades del conflicto interno en el territorio colombiano. También se han adicionado profesionales de diferentes disciplinas, lo cual hace el ejército más fuerte tanto en la parte técnica y táctica, como intelectual y mantiene un gran grupo de apoyo en diferentes capacidades a las unidades que están al frente de las operaciones en varias partes del país. En la actualidad se llega casi al cuarto de millón en efectivos. En esta cantidad no se cuentan los efectivos de la Armada Nacional, como tampoco los integrantes de la Fuerza Aérea Colombiana, ni la policía, ni dependencias paralelas. Sus procedimientos y controles necesitan revisión para evitar algunas manchas que todavía se presentaron en sus operaciones donde presuntamente han estado involucrados miembros activos y retirados y que han sido objeto de investigación por parte de los entes de control del país (falsos positivos, algunos efectivos mezclados con tráfico de drogas, venta de armamento a grupos al margen de la ley, enriquecimiento ilícito, etc.).

Las estadísticas de los resultados contra las FARC en los años 2002-2009 (periodo presidencial de Álvaro Uribe Vélez) y 2010-2013 (periodo presidencial de J. M. Santos) que posee el ejército, se pueden analizar en los datos que aparecen a continuación:

En el periodo 2002-2009 se puede ver que debido a las operaciones del ejército, la cantidad de integrantes de las FARC declinó de 20,776 a 8,520 hombres en armas. Haciendo una proyección con esos datos se observa que la línea cero llegaría en el 2013. Naturalmente esto es bastante teórico porque muchas cosas pueden ocurrir en ese lapso de tiempo, ejemplo negociaciones, cambio de tácticas de ambas partes, etc., que pueden darle otra dirección a la proyección.

En el periodo 2010-2013 se puede ver que los resultados de la confrontación del ejército contra las FARC fueron mucho menos eficientes. La cantidad de integrantes de las FARC pasó de 8, 978 a 7,168 hombres. Un cambio drástico en la pendiente de la línea de proyección. El corte con la línea cero se corrió de 2013 a 2024 o sea a 11años adicionales.

Para que este resultado se haya dado, es posible que alguna de las siguientes situaciones se haya sucedido:

a. El nuevo gobierno de Juan M. Santos dio nuevas instrucciones al ejército para aminorar la arremetida contra las FARC, tratando de obtener el guiño de estas para una negociación.

b. Una negociación secreta del gobierno con las FARC en la cual se solicitaba este cambio, para iniciar las negociaciones. Resultando en una nueva estrategia que se ha visto diariamente en los noticieros hablar más y hacer menos.

c. Un cambio de táctica de las FARC en el campo de operaciones, neutralizando los operativos del ejército.

d. Las tácticas del ejército, menos eficaces que en años anteriores debido a cambio de procedimientos o de personal (líneas de mando, nuevos soldados profesionales, nuevos reclutas sin el debido entrenamiento, etc.), falta de equipo, nuevos sitios y condiciones de operaciones, etc.

e. Una disminución de la eficacia debido a posibles infiltraciones guerrilleras en los mandos del ejército.

f. Posible conflicto de intereses de algunos miembros del comando del ejército.

g. Una disminución de la moral del ejército por los casos llevados ante la justicia, en la cual varios ex comandantes han sido condenados a varios años de prisión.

h. El ejército se ha dedicado a dar golpes muy específicos con bombas teledirigidas a determinados jefes guerrilleros, dejando de lado el combate con el resto de los miembros de las FARC.

i. Una ventana que abre el ejército para permitir que el conflicto se solucione por las vías de la negociación, que es como todo conflicto debe terminar cuando se llega a determinado punto.

j. Otros.

En línea con lo expuesto anteriormente, en los últimos meses los resultados en la lucha contra los grupos al margen de la ley, dejan algunas dudas. Los anuncios esporádicos que los encargados de informar al público acerca de las operaciones de la tropa en este respecto son exactamente las mismas. Se dio un "fuerte golpe o un "golpe contundente" a tal o cual organización. Sin embargo, pasan los meses, años y el problema sigue vivo. A comienzos del 2014 después de una ofensiva de las FARC, el ejército reaccionó y se dieron de baja un número superior a 30 miembros activos de las FARC en pocas semanas. Luego su accionar decayó nuevamente. Es un tire y afloje dependiendo de qué hace el bando contrario.

Es impresionante la cantidad de miembros que pierden la vida en las acciones del ejército contra la insurgencia, e igualmente la cantidad de jóvenes mutilados por estas acciones, especialmente con las minas quiebra patas. Es indescriptible el grado de dolor de las familias involucradas en ésta desgracia. Esta pesadilla, se pudiera minimizar y ojalá acabar en el futuro cercano. Esto, hace pensar que se necesita estudiar con más cuidado las lecciones aprendidas referentes a calidad, honradez, inteligencia, astucia y sagacidad de los líderes e integrantes del grupo, la parte operativa, las tácticas de combate, la organización de la inteligencia y sus resultados, capacidad y cantidad de efectivos dedicados en los campos, redistribución de los efectivos, líneas de mando, resolución en las operaciones, conductas operativas, entrenamiento del personal, material y equipo requerido, su uso y especialmente la gerencia del grupo.

Lo que sucedió en el Cauca, cuando el ejército fue removido por los indígenas del área, afortunadamente, sin mayores consecuencias, no debe repetirse en ningún otro sitio del país. Aunque el ejército goza de un prestigio en la comunidad y lo siguen aumentando por lo que representan para el país, se requiere trabajar arduamente para que los ciudadanos lo respeten y apoyen y para que los militares recíprocamente respeten a los civiles. Que se alcance un nivel y balance respetuoso de ambos poderes para beneficio de todos los colombianos.

El gobierno nacional ha decidido emprender unas negociaciones de paz con las FARC, en la Habana (Cuba). Inicialmente, este paso pareció un poco apresurado por parte del gobierno debido a que se esperaba debilitar un poco más a ese grupo y poder negociar en mejores condiciones en un par de años más adelante. De todas maneras los miembros de las FARC son seres humanos y adicionalmente colombianos y entre menos sacrificios y sufrimientos sufran los directamente envueltos en el conflicto directa o indirectamente y sus respectivas familias, cualquier cosa que se haga para prevenir más derramamientos de sangre es bienvenida.

En el pasado varios intentos para conseguir la paz fueron hechos y con contadas excepciones las negociaciones fueron un completo fracaso. Se presume que las presentes negociaciones han ido progresando de forma muy lenta y desafortunadamente no se conoce nada de los acuerdos que se han logrado hasta el momento. Este procedimiento deja mucho que desear. Aunque se requiere prudencia en las negociaciones, mantener al país alejado de que se está negociando es un grave error táctico por parte del gobierno. El gobierno debe ir explicando al país lo que se ha pactado, para evitar sorpresivos tragos amargos que el país entero no los pueda digerir.

A comienzos de las negociaciones, en la mesa de representantes del gobierno, fuera de los representantes civiles, aparecieron dos generales del país. Esto, desafortunadamente dio la impresión de que las fuerzas militares estuvieran derrotadas y ávidas de negociar lo antes posible. Fue una pésima estrategia, demostrando falta de planeación y debilidad. El recibimiento en pleno de la contraparte por el lado de los delegados del gobierno mostró unas ansias inconmensurables de negociar a toda costa. Todas las personas que han estado siguiendo el conflicto de cerca, conocen que esto no es así y que las fuerzas armadas, puedan quizás estar desmoralizadas, pero no vencidas. Definitivamente los subversivos tampoco están vencidos y todavía pueden causar problemas. Según informaciones mediáticas, las FARC tienen influencia en el 20% de los municipios del país, pero es una verdad que el ejército con el apoyo del pueblo es invencible. La mejor estrategia de los subversivos en este momento si se tiene un interés sincero, es negociar la paz, no tienen otra salida. Sin embargo se debieron evitar esos malos entendidos de la contraparte de triunfalismo, si los generales hubieran en el comienzo de las negociaciones, apoyado el proceso desde un salón contiguo. El apoyo del proceso de paz por la ciudadanía y las fuerzas militares es necesario para acabar de una vez por todos esos conflictos que han detenido el progreso del país. Lo importante es saber negociar para evitar tener un país en el futuro en peores condiciones que las actuales. El dinero que se ahorre en campañas contra la subversión se puede ahora si usar para proyectos sociales en el postconflicto.

La ciudadanía está bastante escéptica del resultado final de las negociaciones debido a varias circunstancias como son: los fracasos de negociaciones anteriores; la poca credibilidad que tienen las FARC por sus actos terroristas destructivos contra la infraestructura del estado (torres eléctricas, puentes, etc), medio ambiente y la población civil en diferentes partes del país (Bojayá; hace unos días los casos de Inza y Prado en el Cauca, la tortura y asesinato del Mayor Germán Méndez Pabón y el patrullero Edílmer Muñoz Ortiz de la policía Nacional en la zona rural de Tumaco, utilización de niños en atentados terroristas acaecida recientemente, por nombrar unos pocos), minas quiebra patas, secuestros, extorsiones, narcotráfico, etc. Estas últimas acciones de la guerrilla podrían poner en riesgo el proceso.

Por otro lado, la población cree firmemente que los actores principales en pasadas negociaciones por parte del gobierno, estaban más interesados en obtener el premio Nobel de la Paz, que en el proceso en sí. A ninguno de ellos le sonó la flauta, porque no hubo sino fracasos, nada digno de mostrar. Es probable que si algún tipo de documento se firme con las FARC, a Juan Manuel Santos lo postulen para ese premio en el futuro. El gobierno ha trabajado cuidadosamente en ese sentido y ha invitado a personajes que han obtenido ese premio en años pasados como Jimmy Carter (ex presidente de USA), Frederik Willem de Klerk (ex presidente de Sur África). Invitó al país a reconocidas figuras de la política mundial como Tony Blair de Gran Bretaña; El presidente colombiano viajó a Israel y sin haber concluido su proceso en Colombia se ofreció para mediar entre judíos y palestinos, un conflicto que tiene un poco más que el colombiano, alrededor de 2000 años y refrendado en 1948 con la creación del Estado de Israel. Tampoco desaprovechó el espacio que le dieron en el 2013 en la ONU para hablar del proceso de Paz, como también su reunión con el presidente de USA Obama.

En visita que el primer mandatario de Colombia hizo a Europa en Enero de 2014, programó una escala en España para comentarle y solicitarle (¿permiso?) respaldo al rey de España para proseguir el proceso de paz. Se debe entender por todos los ciudadanos que Colombia obtuvo la independencia de España hace más de 200 años. Aunque es jefe del Estado español, el rey Juan Carlos es meramente una figura decorativa en la actualidad con respecto a Colombia, muy diferente del poder monárquico que se tenía en Colombia durante la época de la colonia. De todas maneras El Rey acaba de abdicar su posición en beneficio de su hijo, lo que indica que las conversaciones resultaron inciertas. Es probable que el primer mandatario haga un viaje para hablar con el nuevo monarca, o dejarle esa función al Embajador de Colombia en España, que es lo más indicado para minimizar costos contra el erario. El 7 de agosto de cada año el presidente asiste a la conmemoración de la Batalla de Boyacá, con la cual se selló la independencia.

En la misma correría por Europa, el presidente en una rueda de prensa básicamente dijo que "el proceso de paz se rompería en mil pedazos si las FARC atentaran contra una figura importante de Colombia". Esto causó estupor en Colombia. Las castas que se tenían en la colonia ya desaparecieron o deben desaparecer a la mayor brevedad posible. Aquí solo existen honorables colombianos de diferentes etnias, con respetables opiniones pluralistas y todos los ciudadanos piensan que tan importante es la vida y honra del más pobre y humilde de los colombianos en la más recóndita área del país como la de cualquier presidente o político de la república.

Definitivamente la presente clase política trata de revivir la discriminación que existía en la colonia con los criollos o crear castas o niveles sociales, lo cual va en contra vía con las buenas y sanas costumbres y la constitución política del país. Como se acercaban las elecciones, el primer mandatario visitó a Gramalote antes de su correría por Europa. Este pueblo Norte santandereano fundado en 1857 por Gregorio de Montes, sufrió una catástrofe hace cuatro años. Toda la población tuvo que abandonar el pueblo porque el terreno cedió y la mayoría de las casas se cayeron. Esto fue un deslizamiento total y el pueblo no se puede reconstruir en el mismo sitio por problemas geológicos. El primer mandatario fue a mirar cuatro años más tarde que había pasado y que estaba haciendo la gente de ese lugar. Encontró que no se les ha prestado ayuda a sus pobladores, los antiguos pobladores están dispersos en otros pueblos viviendo en casas de otros familiares o pagando arriendo en otras poblaciones. Solo se ha discutido donde se puede ubicar a la nueva población y parece que no se ha llegado a ningún acuerdo. Como, los pobladores eran conservadores, es probable que por ese motivo no se les prestó ninguna ayuda. La visita del primer mandatario, se cree que tampoco le traerá réditos en su campaña re-reeleccionista. Pero si se dejaron en claro varias cosas a saber:

a) Que los colombianos están huérfanos, cuando sufren una catástrofe y el gobierno de turno no es de las mismas convicciones políticas. Se siguen con las políticas obsoletas que se creían superadas hace más de cincuenta años.

b) El tratamiento diferencial que se les da a los colombianos dependiendo del departamento donde residan.

c) Se reafirma una vez más, que existen zonas del país donde los gobiernos definitivamente los tienen abandonados y no les ayudan a solucionar los problemas. No se sabe que labor desempeñan los representantes de esas áreas en el congreso o en puestos de comando del gobierno de turno.

d) Que las ayudas con viviendas se hacen donde se pueden levantar votos (ejemplo, construcciones de viviendas gratis) y no se les da una ayuda a las zonas de catástrofes donde no se retribuyen en votos inmediatos.

En la segunda mitad del 2013 un hecho atrajo la atención de la mayoría del pueblo colombiano. El alcalde de Bogotá fue destituido por el Procurador General de la Republica por fallas en la administración de la ciudad, especialmente en el manejo de las basuras, lo cual puso en peligro el medio ambiente y la salud de los bogotanos, según los entes gubernamentales que lo vigilaban y por usar volquetas que estaban prohibidas para este trabajo. Aparentemente hubo en todo este manejo un detrimento patrimonial. El alcalde se comenta en las calles que no siguió los consejos orales y por escrito que le dieron en repetidas ocasiones personas versadas en la administración distrital y quiso cortar atajos, lo cual lo puso en contravía con las regulaciones administrativas gubernamentales. Se comenta que la sentencia fue drástica, especialmente en el punto de la inhabilidad por 15 años, teniendo en cuenta que fueron errores administrativos y no de corrupción.

Tan pronto se conoció su destitución, el alcalde convocó a sus seguidores para que protestaran por este hecho en la plaza de Bolívar en frente de la alcaldía. En los días siguientes, se hicieron varias manifestaciones y algunos seguidores con sus animales llegaron y continuaron en la plaza. Naturalmente el alcalde tenía el derecho al pataleo correspondiente como cualquier ciudadano que se encuentre en condiciones similares. Sin embargo el alcalde decidió mostrar que tenía apoyo popular y que haciendo esta demostración la decisión del Procurador podría ser reversada.

Unos días después de la decisión del Procurador, en la plaza de Bolívar, el alcalde se dirigió a sus seguidores para solicitarles el apoyo respectivo y evitar la destitución de la que acababa de ser objeto por parte del gobierno. En su discurso, el alcalde no explicó claramente las razones de su destitución, pero si añadió razones que aparentemente no estaban en los documentos que el Procurador usó como soporte a su decisión.

Otra de las cosas que llamaron la atención es que durante la manifestación en la plaza de Bolívar, naturalmente aparecieron banderas de diferentes facciones de personas, pero la que más llamó la atención fue la del M-19. Este movimiento guerrillero fue amnistiado y se entendía que su nombre dejaba de existir automáticamente. Como algunos manifestantes instalaron carpas alrededor de la estatua de Bolívar y han permanecido en ese lugar, el ministerio de Cultura radicó una queja ante la Procuraduría General, por el uso que se le ha dado en los últimos meses a la plaza de Bolívar, catalogada como bien de interés cultural de ámbito nacional.

Para el ministerio, se han desconocido todas las normas que sobre un bien de interés cultural del ámbito nacional regulan la materia y por eso el Distrito ha incurrido en "un grave incumplimiento del deber de velar por dicho bien".

Con lo anterior se quiere sacar a la luz cuatro cosas a saber:

a)   Que si en el futuro se hace una amnistía con las FARC, cada vez que se destituya un miembro de ese grupo habrá manifestaciones de apoyo al destituido y aparecerán en las manifestaciones las banderas de las FARC-EP, en varios sitios del país, ojalá si esto sucede que sea sin armas, sin detrimento patrimonial nacional o privado y con respeto al ciudadano. Esto parece que va en contravía con un proceso de paz, donde todo el pasado y su simbología se deben tratar de olvidar. Una experiencia que la mayoría de colombianos conoce fue el frente nacional (alternación de partidos en el poder 1958-1974). Aunque este experimento tuvo muchos detractores, de diferente índole (pérdida de liderazgos, solo dos partidos participaban, no importaba quien ganara las elecciones, ambos partidos salían ganando, etc.) y con sobradas razones, pero nadie puede desconocer que sirvió para minimizar enormemente los problemas de convivencia pacífica que no existían por cerca de 150 años entre liberales y conservadores.

b) En escena aparecieron nuevos oradores, quienes esbozaron la idea de que los nombrados por voto popular no pueden ser destituidos por una institución gubernamental. Eso es correcto en el sentido de que no haya motivos para la destitución y quizás por tratados que haya firmado el gobierno colombiano con instituciones internacionales. Sin embargo se debe enfatizar que todo funcionario elegido por voto popular o nombrado directamente, si su actuación va en contra de las regulaciones vigentes del Estado, es decir por justa causa, el funcionario que tenga la autoridad para destituirlo pueda proceder en conformidad.

c) Teniendo en cuenta que el Congreso es la cuna de la democracia, donde se deben reunir los mejores exponentes humanos del pueblo, sin tachas de honorabilidad, sin deudas con la justicia y grandes dotes intelectuales; ¿Será que es sano tanto para el país (prestigio del nuevo Congreso, honestidad y respeto del Gobierno con sus ciudadanos), como para la guerrilla, regalar y aceptar curules en el Congreso durante las negociaciones a los posibles amnistiados? ¿No será mejor que los candidatos a corporaciones públicas se ganen una curul en una campaña libre durante el tiempo de las elecciones, después de entregar las armas y desmovilizarse, presentando programas innovadores, sólidos y bien estructurados que ayuden al desarrollo de la democracia participativa y pluralista?

d) Si el gobierno les otorga gratuitamente unas curules a los responsables de delitos de las FARC, el mensaje que se les da a los colombianos y especialmente a los jóvenes estudiantes es que el crimen y el terrorismo si pagan. Para ser exitoso en Colombia o para llegar a ser parte del Congreso se necesitaría ser subversivo o tener cuentas pendientes con la justicia. El que tuviera más órdenes de captura sería más importante. También se legitimaría el congreso como una bodega de delincuentes con buenos salarios y prestaciones sociales. El Congreso perdería ahora si totalmente su función legisladora porque los ciudadanos no aceptarían leyes impuestas por funcionarios que ellos mismos no las cumplen. ¿Entonces para que se tienen códigos penales y regulaciones que las manosean con la llamada justicia transicional, si en el futuro esto es otra manera de mantener la impunidad?

e) La justicia colombiana actualmente tiene muchas inequidades, las cuales deben ser corregidas por verdaderos y expertos legisladores. Un ejemplo de estas inequidades sería el caso que recientemente se presentó en Bogotá, donde una madre de familia para corregir a su hijo le dio dos chancletazos que desafortunadamente le causaron un problema médico. Esta señora que no quiso hacerle daño a su hijo, como supuestamente ninguna madre normal nunca lo haría, fue sentenciada a 14 años de cárcel. En cambio personas o grupo de personas que tienen problemas con la justicia por delitos de mayor calibre, se les deja en libertad o se les reduce la pena exageradamente, que al final parece más un premio que una sentencia judicial. La salida de estos grupos debe ser a través de la participación política con representantes capacitados, honestos y con deseos de ayudar a sus conciudadanos.

Como ha venido siendo costumbre en Colombia, cada institución quiere solicitar tratos especiales, regímenes de pensiones especiales, aumentos salariales especiales, tratamientos de la salud especiales, etc., cada institución gubernamental se cree de mejor familia que el resto de los trabajadores y pretenden sin ninguna razón crear sus propios feudos. En este orden de ideas, el alcalde reclamaba que el único que lo podía destituir era el Presidente de la República. Los periódicos y noticieros locales entrevistaron encumbrados juristas colombianos. La vergüenza para los colombianos por el sistema judicial que tienen en operación, es que la mayoría de los juristas entrevistados, quienes se suponen que deberían conocer las leyes y su aplicación, daban opiniones encontradas. Unos decían que el Procurador tenía autoridad para la destitución, otros que no, otros que posiblemente, otros que era el presidente, otros que eran las Cortes internacionales, etc. etc. Tanta sería la confusión que para complicarla más, el Fiscal General de la Nación, en una de sus acostumbradas alocuciones cotidianas en los medios dijo que esa decisión podía postergarse. Luego, aparecieron cientos de tutelas para impedir la destitución del alcalde. Nuevas oficinas y sus magistrados se mostraron en escena con diferentes teorías y procedimientos.

Se notó una falta absoluta de coordinación de quienes dirigen las principales oficinas de control del gobierno y su Sistema Judicial. Con esto se demuestra la falta de experiencia, preparación y prudencia de algunos miembros gubernamentales para ejercer esos cargos y principalmente la ambigüedad de las leyes colombianas, procedimientos y aplicación, lo cual se deja a la libre interpretación del ejecutor en el momento oportuno, para menoscabo o beneficio de los implicados de turno. El fiscal general ha insistido que el presidente Juan

Manuel Santos puede decidir si hace efectiva o no la decisión del Procurador de destituir e inhabilitar al alcalde de Bogotá.

Ante estos hechos el Ministro de Justicia Alfonso Gómez Méndez expresó que el fiscal general no tiene competencia para decirle al Presidente como actuar. En este rio revuelto, un representante de la ONU tuvo la osadía de tratar de interrogar al Procurador, para juzgar el caso, como si el Procurador fuera uno de sus subordinados, creando una mayor confusión en el ya delicado proceso. Una intervención deplorable en asuntos del Estado, desconociendo que Colombia es un país libre, independiente, que tiene presidente, ministros, congreso etc. y que tiene sus leyes e instituciones para resolver los problemas internos, por lo menos en primera instancia. Esas intervenciones internacionales deben ser estudiadas, analizadas y efectuadas con un gran tacto y prudencia, para evitar malos entendidos entre las naciones. Las instituciones internacionales representadas en el país, pueden actuar cuando formalmente lo solicite una institución gubernamental, un ciudadano que considere sus derechos violados, siguiendo ciertos protocolos que se han aprobado para estos casos especiales.

Después de varias semanas de dilatado el conflicto, el presidente decidió apoyar la recomendación del Procurador General de la nación y firmó la destitución del alcalde de Bogotá. Unos juristas dicen que éste procedimiento deja al país jurídicamente mal parado ante las otras naciones, otros que hizo bien en parar el proceso. Con razón o sin ella, lo cierto es que el ex alcalde logró posponer su destitución por varios meses, habló en varias oportunidades desde el balcón de la alcaldía ante sus seguidores, afortunadamente de forma pacífica.

El presidente nombró un alcalde temporal, el cual duró unos pocos días. De repente un juez desconocido, en algún recóndito lugar de las oficinas judiciales, publicó una resolución que el alcalde debía ser restituido en su cargo. El presidente como lo había anunciado con anterioridad que si un juez ordenaba el reintegro, lo haría inmediatamente. Y así sucedió.

De este proceso quedan dos lecciones importantísimas, la primera que la justicia en Colombia tiene muchos recovecos, no es fiable y que quienes la administran tienen serios problemas de conocimientos en la parte procesal. La segunda es que las Cortes exteriores son muchísimo más eficientes que las colombianas, por lo menos en este caso. Esto abriría las puertas, si legalmente se pudiera, para hacer un "outsorcing" de la justicia colombiana. Se le pudieran pasar los códigos colombianos a los jueces exteriores, se iniciarían los procesos internamente y que los juzgados exteriores dieran sus veredictos. Se evitaría la cantidad de procesos acumulados en las oficinas judiciales. Simple, sin mucho problema, probablemente a un costo muchísimo menor y se evitarían la cantidad de juzgados inoperantes que existen en el territorio nacional. Aquí también se abre un espacio para pensar en la privatización de la justicia especialmente para procesos que no tengan asuntos relacionados con crímenes, desfalcos, robos, terrorismo, piratería, contrabando, etc., solo para casos civiles donde esté ausente la violencia. Esto podría funcionar, bajo la supervisión del gobierno. Vale la pena estudiarlo.

Conflicto. El conflicto armado lleva varias décadas. Es posible que las FARC y otros grupos armados, tengan fuertes razones en algunos puntos que ellos reclaman en otros puede que no. Sin embargo el gobierno debe tomar atenta nota y solucionar a la mayor brevedad posible las quejas respectivas, siempre y cuando las soluciones no afecte a los colombianos, sus entidades y la unidad del Estado.

En las negociaciones se debe tener en cuenta que una cosa es el perdón de las víctimas a sus victimarios para que el proceso prospere y otra cosa es el perdón judicial que se acuerde con el gobierno. El pueblo colombiano espera que la paz se firme no únicamente con las FARC, sino con otros grupos de subversivos en los siguientes dos años. Para comienzos del 2017, es indispensable que el país haya resuelto todos estos conflictos de una manera objetiva, justa, sin impunidad, sin regalos, sin falsas promesas, sin compromisos secretos que afecte al Estado y con arreglo a todas las víctimas del conflicto.

Por afinidad, quizás algunos miembros de los grupos subversivos quieran quedarse en Cuba, Venezuela, Chile o Noruega, lo cual ayudaría a solucionar en gran parte el posconflicto. Una idea que se puede poner sobre la mesa de negociaciones (si las dos partes acceden y no exista oposición de la justicia), sería que la cúpula de los grupos subversivos se quedara en Cuba (no en países colindantes con Colombia), el doble de los años que tuviera que pagar de cárcel en Colombia. Por ejemplo, la máxima pena para los paramilitares fue de 8 años, para los subversivos pudiera ser 16 años, sin volver al país. De lo contrario tendrían que pagar la pena en su totalidad. El arreglo no sería pena de destierro, prohibido por la Constitución de 1991, sino un arreglo de fines del conflicto. Por otro lado los militares que están siendo investigados o purgando penas por delitos similares, se les debe dar un tratamiento similar. Esto ayudaría a olvidar los problemas de por lo menos una generación y sería más fácil implementar la paz.

Es muy probable que después de llegado a un compromiso con la cúpula mayor de los grupos subversivos, no todos sus integrantes se acojan al plan de sus jefes y queden algunos grupos aislados delinquiendo. Varias razones existen para ello, entre otras que el negocio de las drogas es muy lucrativo, atractivo, los bajos salarios de los miembros de instituciones gubernamentales, la falta de honestidad y en especial la ambición por el dinero y las comodidades que este produce. Probablemente muchos funcionarios de instituciones gubernamentales sigan siendo atraídos y cierren sus ojos y oídos por los beneficios económicos que pueda traerles este negocio. El gobierno debe prepararse para hacerle frente a estas eventualidades.

Los colombianos están cansados hasta la saciedad que cada año en el período de elecciones los candidatos solo hablen de los procesos de paz. Ahora, que una vez más se ha elegido un presidente de la república para que lleve a feliz término el proceso de paz, como el mismo lo ha solicitado, es indispensable, de una vez y por todas, no dejar asuntos pendientes de la misma índole para el siguiente período presidencial dentro de 4 años. Se debe trabajar para que las elecciones del 2018, cuando se supone que es una época de posconflicto, los candidatos a las corporaciones gubernamentales, incluyendo la Presidencia, tengan temas de valor técnico e intelectual interesantes, los cuales se puedan aplicar para mejorar el desarrollo del país, el bienestar y progreso de los ciudadanos.

8) LA EDUCACIÓN NACIONAL. Un grupo considerable de escuelas técnicas, colegios y universidades son el pilar del desarrollo industrial e intelectual colombiano. Aunque el nivel educativo ha decaído marcadamente, todavía es relativamente bueno, en el área. Sin embargo a nivel mundial, las diferencias en niveles de calidad, se han ido agrandando en menoscabo del estudiantado colombiano y del desarrollo del país. Internamente se registran diferencias grandes entre la educación que reciben los de clases económicamente pudientes con los de clases menos favorecidas. Igualmente las diferencias entre la población rural y urbana. Estas diferencias crean tres grupos muy marcados, que al final de cuentas repercute en las desigualdades sociales y por ende económicas de la población.

Desde finales del siglo pasado se les ha insistido a todos los gobiernos de turno de ponerle más énfasis a la calidad y cubrimiento de la educación en todo el territorio nacional. En los años pasados ha habido manifestaciones en diferentes universidades de diferentes ciudades colombianas, por diferentes motivos, algunas dentro de los claustros universitarias, otras en las calles. Desafortunadamente algunas de ellas han sido posiblemente infiltradas por saboteadores de diferente índole, según las autoridades de la época. De todas formas estas manifestaciones no han tenido ningún tipo de eco positivo.

Autoridades en la materia, que han estado en el medio educativo desde hace muchos años en rectoría de universidades colombianas como los Doctores Moisés Wasserman, Danilo Vivas, Luis E. Orozco, Roque González y otros, han expresado sus puntos de vista y apreciaciones a un medio educativo referentes a la educación en Colombia. Entre sus conclusiones encontramos que: "Las cifras del gobierno respecto a la cobertura educacional no son contundentes y la calidad no se ve por ningún lado en las políticas del gobierno. La revolución educativa no se ha dado como se predica y la educación superior no estuvo incluida en esa revolución. Los presupuestos para la educación superior son siempre de angustias. Los presupuestos para postgrados son notorios por su ausencia. Las observaciones fueron publicadas en el periódico de la Universidad Nacional UN-132 por Marga Páez Torres.<42>.

Se puede concluir que las observaciones que hacen estos expertos, exponen crudamente la realidad del estado de la educación en Colombia. Se hacen comparaciones con otros países más desarrollados y se está muy lejos de poder igualarlos. Aun con países subdesarrollados Colombia está disputando el bajo fondo.

Los programas que aparentemente tiene el Ministerio de Educación, para mejorar el nivel de la educación, brillan por su ausencia y los resultados tienen el mismo calificativo. Los estudiantes que entran a la universidad necesitan nivelación por la pobre educación recibida en años anteriores. La gran mayoría de universidades en el país no están acreditadas. El ministerio de educación está muy lejos de poder producir un cubrimiento aceptable y de calidad. Las pruebas internacionales llevadas a cabo recientemente, confirman las observaciones de las autoridades colombianas en esta materia.

Tanto en primaria como en Bachillerato y universidad se han aumentado considerablemente los cupos en las entidades educativas, sin embargo todavía existe un déficit de cupos y la calidad en todas esas etapas está muy quedada.

Se necesita mejorar los estándares de calidad tanto de los docentes, como de los mismos estudiantes y de las instituciones educativas. Es aconsejable estudiar sistemas de otros países y adaptarlos al sistema colombiano. Hacer esfuerzos de entrenar los profesores tanto jóvenes como antiguos en el sistema. El entrenamiento en sus diferentes fases debe ser permanente. El presente entrenamiento para profesores es esencialmente local, sin embargo es aconsejable mezclarlo con entrenamiento en el exterior o traer catedráticos y organizar los cursos en el país cuando se considere necesario. Hacer continuamente competencias nacionales e internacionales entre estudiantes para medir las deficiencias y los progresos que se hacen cada año. Las aulas de clases, bibliotecas, laboratorios, escenarios deportivos, y demás instalaciones de los colegios y universidades deben ser confortables y aptas para estas actividades. Se debe trabajar rápidamente para mejorar el nivel y poder ser competitivos tanto interna como externamente. Las universidades colombianas deben tener intercambios de estudiantes y profesores con otras universidades de países más estructuradas y de mayor jerarquía técnica. Un seguimiento del progreso en la calidad debe ser realizado continuamente por el gobierno nacional. El aumento de los cupos en las universidades y colegios, no debe ir en contravía con la calidad de la educación. Se deben evitar universidades de garaje, en las cuales se busque únicamente el beneficio pecuniario de los dueños de las mismas, con programas que no son aplicables en el desarrollo del país y que únicamente aumenta la decepción tanto mental como económica de estudiantes y familiares una vez terminan los estudios de pregrado.

En épocas no muy lejanas, el gobierno pagaba a los profesores de los colegios y escuelas del país con los impuestos que provenían de la venta de licores. Increíble e irónico que entre más borrachos hubiera en el país era mejor para la educación. Muchas veces el gobierno incumplía con los salarios mensuales de los profesores. Estos por supuesto incumplían en los mercados donde les fiaban los productos para su manutención diaria y la de la familia. Después de varios meses, se necesitaba ir a la huelga para que el gobierno les pagara los salarios atrasados. Este pago en muchas oportunidades se hizo en especie. Los profesores en lugar de estar descansando, estudiando o preparando las clases del día siguiente, se dedicaban a vender aguardiente o ron principalmente en el pueblo o ciudad donde vivían o trabajaban para recuperar su salario y poderle pagar a sus acreedores. ¿Qué estímulo se les daba a los profesores para seguir en esta profesión?

Analizando los resultados de unas pruebas internacionales que se hicieron en el año 2013, donde los estudiantes colombianos ocuparon el puesto 62 entre 65, lo cual es un verdadero desastre, la Ministra de Educación Nacional lamentó el lento avance de los colombianos en las pruebas y todo el escándalo y planes para tratar de mejorar ahí murió. En el año 2009 se llegó diez puestos más arriba, lo que quiere decir que cada día se está en peores condiciones. Con lo que se ha descrito anteriormente, el resultado no es sorprendente. Lo sorprendente es que no se llegó al puesto 65. Recientemente las noticias indican que ya se llegó al último puesto como se preveía. Con estos resultados y los gobiernos no se pellizcan en tomar la educación (cobertura y calidad) como uno de los problemas principales que tiene Colombia y que es un verdadero freno al desarrollo del país.

La educación es el pilar principal del desarrollo de cualquier país. Desafortunadamente en Colombia, todos los pasados gobiernos sin excepción, la han relegado a segundo plano, conjuntamente con la salud, justicia y las relaciones exteriores. Con muy contadas excepciones, estos ministerios han sido lugares para pagar cuotas burocráticas, para veraneo de los amigos, ex compañeros de estudio, de juegos infantiles y/o colegas de la administración en curso, sin importar en muchos casos la experiencia en el ramo, la calidad y capacidad profesional de la persona que se designa.

9) JUSTICIA. Un conjunto de Jueces a la deriva (la justicia colombiana parece que anda totalmente acéfala) dictando sentencias penitenciarias basados en códigos penales obsoletos e inapropiados para el país. Negociando rebajas en la justicia como se negocia con los productos en un mercado público. Apoyados por el famoso sistema carcelario (Inpec) que en recientes años han cambiado de director seguidamente y que no tienen la más mínima idea de cuantos presos tienen en los calabozos, deambulando en las calles colombianas, en el exterior o cuantos se han muerto.

Se ha vuelto costumbre en la justicia colombiana que algunos jueces con o sin razón les permiten a ciertos prisioneros permanecer en sus sitios de residencia, solo con un brazalete de vigilancia electrónica. Se han registrado varios casos en los cuales el preso se quita el brazalete y sale del perímetro donde debe permanecer sin ningún permiso. Algunos fugitivos son capturados prontamente, otros permanecen libres, aprovechando el tiempo para continuar delinquiendo.

Desafortunadamente esta práctica no se realiza únicamente con presos de baja peligrosidad, sino que es muy común ver criminales que son un peligro para la sociedad gozando de los mismos beneficios.

Esto sucede debido a varios problemas que se tienen en las cárceles por ejemplo el hacinamiento, permisividad de las autoridades, etc. El hacinamiento se debe a la falta de planeación de las autoridades encargadas de efectuar la planeación y construcción de penitenciarías requeridas en el país. La policía siempre reclama que las personas enviadas para ser juzgadas, los cuales han sido capturados por ella después de muchas dificultades, son dejadas en libertad. Los códigos de justicia, son muy laxos con los criminales peligrosos y muy estrictos para personas que cometen delitos de menor cuantía y baja peligrosidad para la sociedad.

Por la ineficiencia del sistema judicial, la mayoría de procesos no son resueltos oportunamente. Gran cantidad de los implicados en delitos, quedan libres por vencimiento de términos. Los jueces culpan al Inpec por no traer los implicados internos (en las cárceles) a las audiencias públicas, permitiendo que los términos se venzan. ¿Si los funcionarios del Inpec no llevan los internos a las audiencias, que se puede esperar con los procesados a quienes se les ha dado la casa por cárcel? La eficiencia probablemente del sistema judicial en estos procesos puede perfectamente acercarse a cero.

Recientes informaciones de la media colombiana dan cuenta que en Barranquilla la mayoría de los 2250 presos que tenían casa por cárcel, deambulaban por la calle cometiendo fechorías. Los barranquilleros hicieron una manifestación para protestar por la inseguridad en la ciudad. Otro caso similar ocurrió en el sur del país, donde un preso se le dio permiso por 15 días para que realizara asuntos personales en el exterior. Igualmente se informa de reuniones, fiestas y equipos de comunicación disponibles en varias cárceles del país. Si no saben cuántos pacientes tienen, las cuentas de los gastos en esta entidad podrían tener un estado similar- Aquí la Contraloría General de la Nación, y la Fiscalía parece que quizás podrían tener otro paciente en cuidados intensivos.

10) LOS BANCOS. Unas instituciones bancarias que cobran unos intereses exorbitantes (alrededor del 30% EA- T. de C.), para « estimular el desarrollo del país ». Los estudiosos financistas dicen que estas tarifas están por lo menos 6 puntos por encima de una tarifa justa y equitativa. Con las excelentes ganancias, naturalmente se tienen bancos muy sólidos. ¿Qué negocio en Colombia o en cualquier parte del mundo puede producir ganancias de un 50% /año para pagarle a los bancos, en adición de costos operativos y que le quede algo de ganancia al empresario? La Superintendencia Bancaria tiene que tomar cartas en este asunto. Inclusive la tasa de usura está muy elevada. Es posible que ésta entidad no haya tenido en cuenta que la inflación ya pasó por debajo de los dos dígitos y que la tasa interbancaria, está alcanzando caídas records.

Basta añadir que el riesgo de inversión en Colombia ha caído considerablemente. Colombia ha sido uno de los pocos países donde se respetan las inversiones, sin expropiación o cambio de reglas de juego en los contratos. En tiempos pasados el Ministerio de Hacienda y Crédito Público trató de corcovear con sus impuestos en este punto, sin embargo se debe ser prudente para evitar situaciones irregulares en los contratos y perder confiabilidad en el ámbito nacional e internacional.

La atención al público en la mayoría de los bancos deja mucho que desear. Ahora los bancos cobran por cualquier transacción o información al público, cosa que no sucedía anteriormente, se debe pensar que un mal servicio le puede también costar al banco. El tiempo de cualquier persona solicitando un servicio también cuesta. Se pudiera pensar en una penalidad para los bancos, por ejemplo si después de 10-15 minutos, por decir un tiempo prudente, un cliente no es atendido en ventanilla. Esto quizás lleve a los bancos a prestar un mejor servicio y mejores comodidades para los clientes.

11) SISTEMA ELECTORAL. Un sistema electoral que ha ido mejorando en el sentido de producir resultados de elecciones rápidas, en cuestión de horas de haber terminado los comicios. Esto se debe al uso de los avances tecnológicos en las comunicaciones a nivel mundial y la aplicación de la nueva tecnología dentro del país para esta tarea. En el pasado los resultados se demoraban varios días, cuando los resultados se transmitían por teléfono, radio-teléfono, telégrafo o esperando la mula con las urnas de sitios recónditos del país para poder contabilizar los votos. Las cadenas radiales permanecían varios días tratando de dar las chivas de nuevos datos. Sin embargo existen varios puntos que según quejas de los participantes se vieron en las elecciones recientes del 2014 y donde se confirma que el país todavía permanece en el pasado. El primero es la compra de votos. El segundo la votación por amenazas contra su vida o sus propiedades. El tercero el voto por compromisos, para salva guardar el empleo o los negocios con los candidatos respectivos, etc., coartando la libertad de expresión. Los gamonales de pueblo son todavía muy activos. Cuarto, los costos que en lugar de disminuir, han aumentado drásticamente, lo cual es un peligro para la democracia. Según información del gobierno los costos de las elecciones para presidente únicamente en las dos vueltas (Mayo y Junio, 2014) costaron más de 400,000 millones de pesos. Si se incluyen los otros comicios (Congreso, Concejos, Asambleas, etc.), el costo total pasaría el billón de pesos. Con este dinero se podrían construir 10,000 casas de 100 millones cada una para gente necesitada.

En los puntos enumerados anteriormente se necesita trabajar, hacer las investigaciones pertinentes en forma neutral y realista y proponer soluciones prácticas y efectivas para tratar de tener en el futuro inmediato unas elecciones libres, sin violencia y a un costo razonable.

12) El VOTO. En la legislación Colombiana el voto es secreto y voluntario. Con este sistema, la mayoría de participantes son empleados públicos que, desafortunadamente tienen esa posición por posibles influencias de un político, quien de paso asegura su voto. (Algunos en Colombia lo llaman agradecimiento y efectivamente hay casos en que se debe considerar de esa manera. En otras partes más civilizadas generalmente se llama aprovechamiento de situaciones personales o corrupción dependiendo de la intención del político de turno). Esto, suprime el derecho de libre expresión y desarrollo intelectual y profesional del individuo. Los ciudadanos trabajando en puestos públicos por meritocracia en Colombia, que es como debería ser la norma, y no la excepción, son muy contados, casi inexistentes.

El voto debería ser obligatorio. Esto es un deber de todo colombiano velar porque se nombren a los mejores administradores disponibles para el Estado. En la actualidad más del 52% del electorado potencial no vota. La abstención es y ha sido muy notoria en todos los comicios electorales (ver tabla). La abstención ayuda a los mismos congresistas a permanecer en sus curules por años. Se sobreentiende que algunos ciudadanos no votan por múltiple causas. Entre ellas, no encontrarse en el lugar donde están inscritos por razones de trabajo, viajes intempestivos, la falta de candidatos nuevos, siempre los mismos, con los mismos vicios y sin planes ni programas que llamen la atención del elector. Sin embargo en otros casos es física pereza, y en la mayoría falta de interés y responsabilidad por el destino de su propio país.

Es muy común ver a la gente en fiestas, embriagada, cuando la venta, consumo y distribución de bebidas alcohólicas está prohibido en ese tiempo. En las elecciones recientes (marzo 9, 2014), hubo quejas de compra de votos y de fraude en el conteo de las urnas, especialmente en la costa. Varios columnistas de periódicos locales entre ellos la periodista Salud Hernández Mora quien tiene una gran credibilidad dentro y fuera del país reportó que los fraudes eran ciertos.

También la policía reportó novecientas detenciones en la calle por consumo de licor durante los comicios. Desafortunadamente esta falsedad en algunos datos de los comicios puede crear dificultades en el inmediato futuro. Cuando se creía que todos los problemas de las pasadas elecciones (los muertos, locos, menores de edad votando, datos falsos, etc.) ya habían sido superados. Aunque algunos comentaristas tomen muy deportivamente estos problemas, esto es un problema bastante delicado. Cualquier persona que resulte elegido por métodos ilegales, puede causarle un problema no solamente de credibilidad, sino de legalidad al Congreso y al gobierno que reciba el apoyo o adición de esos personajes. El gobierno debe hacer una investigación rápida y tomar cartas en el asunto antes que este tome otros rumbos como los de algunos gobiernos vecinos. En caso que el Congreso apruebe el voto obligatorio, se debe instituir una penalización económica drástica para aquellos que no ejerciten su deber de votación. La democracia no es dejar que unas personas decidan por un grupo. La democracia es la participación total de un grupo en una decisión.

ELECCIONES PRESIDENCIALES DE COLOMBIA (1958-2014).

AÑO	No. DE VOTOS	PARTICIPACIÓN (%)	ABSTENCIÓN (%)
1958	3´108.567	57.94	42.08
1962	2´634.840	48.80	51.20
1966	2´622.705	40.10	59.90
1970	3´994.140	52.50	47.50
1974	5´199.542	58.10	41.90
1978	5´057.925	45.10	54.90
1982	6´840.362	49.80	50.20
1986	7´229.937	46.30	53.70
1990	6´047.567	43.40	56.60
1994	5´791.332	43.34	56.66*
1998	10´664.155	51.12	48.88*
2002	11´249.734	46.47	53.53*
2006	12´041.737	45.05	54.95*
2010	14´781.020	49.27	50.73*
2014	13´209.561	40.65	59.35*
Promedio		47.89	52.11

*1ra vuelta.

En la segunda vuelta de las elecciones presidenciales en Junio 15, 2014, se repitió la misma figura de 52% de abstención.

La abstención registrada fue superior al 56% en las elecciones parlamentarias llevadas a cabo en Marzo 2014. Los votos nulos llegaron al 12% aproximadamente.

13) LA CONTRALORÍA. La Contraloría General de la República. Como su nombre lo indica, tiene la función de controlar la gestión fiscal de la administración y de los particulares o entidades que manejen fondos o bienes de la nación. Sin embargo, el director de esta entidad, es nombrado por quienes igualmente pueden ser investigados, por el Congreso Nacional. Esto es como dejarle al acusado nombrar su juez. En el pasado, esta entidad era un bastión político. ¿Será que ahora no lo es? En los corrillos públicos se hablaba de que, quien manejaba la Contraloría, podía en las elecciones nombrar varios Representantes a la Cámara y Senadores.

Lo cierto es que varios congresistas, enviaban a sus recomendados allá, como parte del festín burocrático después de las elecciones. Se entiende que esta práctica ha sido « oficialmente abolida ». ¿Será que la práctica confirma que esta resolución es altamente respetada y efectiva? Todos los años se inician investigaciones de toda índole, sin embargo los desgreños administrativos continúan. ¿Parece que, las sanciones no han dejado el escarmiento necesario en la burocracia, o será que son demasiado tercos o ambiciosos y copian al vecino?

Es necesario buscarle la salida y poner en su lugar una entidad neutral, menos politizada y con más dientes legales para mejorar la eficiencia y la calidad de las instituciones gubernamentales. Lo mismo sucede con las contralorías departamentales y las personerías en las diferentes aéreas del territorio nacional.

14) EL DESARROLLO COLOMBIANO. La economía colombiana se desaceleró y finalmente creció 4%, lo cual es muy inferior a lo que se esperaba. Para el año 2013, las esperanzas de crecimiento fueron similares a pesar de los anuncios de varias fuentes de las bondades de la economía colombiana en el contexto latinoamericano. Oficialmente se anunció que la economía creció 4.3%. Aunque es una figura aceptable si se miran resultados de otros países del área, los resultados al final del día son preocupantes. Los crecimientos de 4% o algo mayor de esta figura, deja muchas dudas para seguir construyendo un país más moderno y justo. El desempleo es todavía muy alto, aunque los datos del DANE demuestren figuras extremadamente optimistas.

Definitivamente si se ha avanzado en este tema durante los últimos 4 años, pero las figuras presentadas por el gobierno son quizás demasiado optimistas. Este es el único dato suministrado por el DANE, al cual la ciudadanía no le da mucho crédito, se cree que es altamente maquillado y arreglado para efectos políticos y no se le tiene la debida confianza.

Desafortunadamente a veces, los gobiernos firman decretos y tratados sin hacer estudios concienzudos o tener en cuenta opiniones de autoridades en la materia, y solo se mira en ciertas direcciones por falta de experiencia, omisión voluntaria o involuntaria y no en los 360 grados que sería lo ideal, para minimizar problemas relacionados con el tema. El decreto No. 0834 del 24 de Abril de 2013 no fue la excepción. Este decreto le causó graves problemas a los profesionales colombianos y se espera que el gobierno tome cartas en el asunto lo antes posible (ver carta de ACIPET al presidente fechada el 6 de Junio de 2014). Estos, renglones importantes son de aquellos que quizás no han sido tomados en cuenta por el DANE cuando se habla de tasas de desempleo en Colombia.

La Cepal dice que el desempleo en Colombia a finales de 2013 fue de 10.6% muy por encima del 9.6% que el gobierno nacional publica con bombos y platillos. Es fácil ver que esta figura probablemente no es correcta. Muchos colombianos salen del país por falta de oportunidades de trabajo, la inseguridad es rampante y creciente (gente sin empleo la mayoría), las bandas criminales reclutan desempleados, limosneros que pululan en las calles. Si se hace una encuesta ligera en las principales ciudades del país, justo por comparar, se obtendrá un figura mucho más alta que el 9.6%. Valdría la pena revisar cuidadosamente los datos con los cuales se está calculando el desempleo y los factores que se están incluyendo en la ecuación. El empleo informal, es muy alto, la construcción que ayuda en bajar los índices del desempleo, está desacelerándose en todo el país, lo mismo que la industria y el transporte. Se necesita fortalecer el agro y la industria afectados por la tasa de cambio y la coyuntura internacional.

El desarrollo del país es bastante lento y muy heterogéneo en las diferentes regiones del Estado. Se requiere prestarles más atención a Las islas de San Andrés y Providencia, el Chocó, Nariño, Putumayo, Amazonas, Guainía, Caquetá, Arauca, Norte de Santander y la Guajira. Todas las administraciones pasadas le han puesto énfasis al desarrollo en la región central y las zonas periféricas se han ido quedando rezagadas e ignoradas con el tiempo. Gran parte de los problemas que se están confrontando en esas aéreas, se debe principalmente a éste fenómeno. Recientemente se conoció que Buenaventura ha sido tomada por bandas criminales, debido a la pobreza y falta de administración estatal.

Se corre el peligro de que San Andrés en un futuro se separe definitivamente del país, si el litigio con Nicaragua no se define en forma favorable para los isleños. Lo mismo puede ocurrir con los departamentos listados arriba, especialmente Nariño, Cauca, Putumayo, Caquetá, Arauca y Norte de Santander. En estos departamentos, es donde operan los grupos al margen de la ley, donde se encuentran sus allegados, simpatizantes, sus territorios con las mayores plantaciones de coca y el abandono del estado es casi total. Estímulos mayores para que esto suceda son el vecindario y sus sistemas gubernamentales, la salida al mar Pacífico y la formación de reservas campesinas con los oportunistas, los ambiciosos de poder económico y político, familiares, amigos e integrantes de los grupos al margen de la ley, que serían la base y fuente para el inicio del proceso.

Se debe analizar lo que sucedió recientemente en Ucrania, donde su territorio al sur denominado Crimea fue anexado a Rusia después de un referéndum. Esto ha sucedido en varias partes del mundo en años recientes y esto mismo le puede suceder a Colombia. Se debe por lo menos tratar hasta donde sea posible de promover proyectos de desarrollo para que todos los departamentos viajen en el mismo bote del desarrollo.

15) EL SISTEMA JUDICIAL. Con la Constitución del 91 se crearon unas Cortes y se confirmaron otras. Con la Corte Constitucional, se planeaba que velara por la buena aplicación de la Constitución que se acababa de poner en funcionamiento y que dirimiera problemas conceptuales sobre la Constitución en casos necesarios. La impresión de gran cantidad de ciudadanos, es que la Corte Constitucional en algunos casos se ha salido de su cauce indicado y quiere cogobernar, cosa que parece inverosímil. La gente habla del problema del UPAC, en el cual la Corte aparentemente metió la Mano y el problema no se resolvió, que era lo esperado por los deudores. El problema quedó esencialmente igual que antes, se resolvió, que en lugar del UPAC, se llevará la deuda a UVR. Este sistema es lo mismo pues el problema sigue vivo.

La Corte Suprema de Justicia. Antes era omnipotente y no tenía contrincante. Encontró uno en los últimos años, en la Corte Constitucional, que antes era parte de su organización.

A cada rato se pisan los talones entre las Cortes. Estos inconvenientes se asemejan a los problemas de linderos en los campos, especialmente cuando los vecinos tienen desavenencias. Generalmente, es que uno o los dos no tienen suficientes funciones específicas para permanecer ocupados o no conocen sus limitaciones y se pasan a la finca del vecino. En el año 1985, cuando la guerrilla denominada M-19 se tomó el Palacio de Justicia, algunos miembros de la Corte Suprema de Justicia murieron. La Corte Suprema de Justicia de esa época era altamente respetada por la honorabilidad e intelectualidad de sus miembros. Las Cortes posteriores aunque han tenido y tienen algunos miembros de alta respetabilidad intelectual, moral y ética, han perdido el prestigio e infortunadamente los ciudadanos las ven como unas instituciones más del grupo judicial, que necesitan ser reformadas.

El Consejo Superior de la Judicatura. Con este Consejo se acabó la Justicia en Colombia. En este Consejo, nadie responde, la justicia anda manga por hombro y su ineficacia es justificada con el hecho de informar que no tienen presupuesto. Debido a la gran cantidad de sumarios pendientes, como consecuencia entre otras, de la ineficiencia de la institución de justicia, se resolvió aumentar el número de juzgados para minimizar el problema. Sin embargo el sistema no pudo desarrollarse apropiadamente una vez aparecieron los reclamos y la huelga del sector judicial y naturalmente los miles de sumarios siguen durmiendo el sueño de los justos. Y no se sabe que va a pasar con los procesos represados.

Descongestión de Juzgados. La media local ha transmitido al público las acciones que ha tomado el Consejo de la Judicatura para tratar de solucionar el problema de los procesos acumulados en las dependencias judiciales desde hace un tiempo, causando problemas a los implicados en los mismos. Aquí se incluye la supresión de personal que había sido dedicado anteriormente, como jueces adjuntos y el personal que trabajaba con ellos cotidianamente en este proyecto.

Aunque se estaba tratando de avanzar en la solución del problema, esto se volvió a complicar con la huelga de los empleados de la Rama Judicial que duró cerca de dos meses. Los avances normales que se habían logrado, se volvieron a trastornar durante y después de la huelga.

Para implementar los acuerdos del levantamiento del paro, los altos tribunales han tenido que utilizar parte del presupuesto que se tenía en el proyecto de descongestión de juzgados, por incumplimiento del gobierno en girar los fondos acordados para tal fin.

Nombramientos anormales. Los periódicos dan cuenta que la Fiscalía está tomando acción en los casos del llamado carrusel de pensiones que ha despertado la curiosidad de los colombianos y llamará a juicio a un número considerable de magistrados auxiliares de la Judicatura, para que expliquen el procedimiento que se siguió en sus nombramientos, con lo cual aumentaban en forma considerable las generosidades del plan de pensiones para todos los implicados.

En estas mismas diligencias se han llamado a descargos otros empleados de la misma institución, pero localizados en otro departamento del país.

La fiscalía desea conocer detalles de este procedimiento para evitar en el futro acciones similares. Se les indagará acerca de las comisiones que aparentemente se hicieron para lograr esos nombramientos de corto tiempo pero que sus beneficios se extenderían de por vida.

En declaraciones para el periódico El Espectador de Bogotá, el Presidente de la Sala Disciplinaria del Consejo Superior de la Judicatura hizo unos comentarios interesantes acerca de la Corte Superior de La Judicatura. El piensa que la corrupción no es únicamente en el organismo donde el labora, sino que este problema existe en otras instituciones gubernamentales. También precisa que la constitución de 1991 creó la Corte Superior de la Judicatura como una respuesta a ciertos problemas que existían en la Justicia.

El hace un extenso recuento de los problemas que se tienen en la justicia, como el nombramiento de los magistrados, la experiencia que se requiere, el mejoramiento en la calidad de educación que las universidades están ofreciendo a sus estudiantes. En esta parte el Ministerio de Educación debe jugar el papel que le corresponde para garantizar que las universidades produzcan profesionales aptos para que se desenvuelvan satisfactoriamente en sus asignaciones profesionales. También habla de probar si los graduandos tienen los méritos o no para ejercer su profesión. En resumidas cuentas el reconoce que se tienen problemas y se necesita trabajar para solucionarlos, pero no cree que la solución está en cerrar esa dependencia gubernamental.

Existen diferentes opiniones acerca de qué se debe hacer para mejorar la justicia. Cada persona habla dependiendo de dónde se encuentra y que papel está desarrollando. El gobierno a través de su ministro de Justicia, también tiene sus puntos.

La periodista Cecilia Orozco Tascón le hizo una entrevista muy detallada al Ministro de Justicia Alfonso Gómez Méndez acerca de los problemas de la justicia en Colombia. El ministro expresaba que realmente la Constitución de 1991 falló en el diseño de la Corte Superior de la Judicatura. Gómez Méndez cree que la Carta está bien de principios, pero la justicia hay que estructurarla.

El ministro piensa que el Gobierno y el Congreso se deben poner de acuerdo para hacer una reforma a la Justicia que satisfaga las necesidades de los ciudadanos y que él va a trabajar para que eso suceda.

El ministro hizo un recuento que comprendería la reforma que presentará al Congreso y parece que se van a tocar puntos clave en la administración de justicia. <33>.

La credibilidad de las Cortes, unas en mayor o menor grado en este momento, no es la mejor en la historia de la justicia en Colombia en los últimos cincuenta años. Quizás la manera como se eligen sus miembros tiene algo que ver con su credibilidad como jueces de la república. Todo indica que las Cortes están politizadas. Ciertas actuaciones de miembros de las Cortes que han sido publicadas en periódicos locales en estos últimos años, dejan muchas dudas sobre la institución que representan. Por otro lado los nombramientos vienen del Congreso Nacional, otro organismo que últimamente no tiene el mejor prestigio de su historia.

El intento que se hizo para reformar la justicia en el año 2012, fue un verdadero fiasco tanto para el Gobierno como para el Congreso. Se espera que en esta oportunidad los colombianos reciban una grata noticia de que el gobierno ha sacado adelante la reforma con los cambios requeridos para re direccionar el rumbo del sistema judicial. Es indispensable que se estudie con cuidado los problemas y sus soluciones antes de efectuar una reforma que pueda traer más problemas que soluciones.

Ojalá que la reforma cubra también el cambio de títulos ostentosos en las presentes organizaciones, tales como Zares, Cortes, etc. Estos títulos causan trastornos en los humanos de personalidad débil. Las promociones a estas posiciones de título monárquico, traumatizan a algunos individuos, llegando hasta hacerles perder el contacto con el mundo terrenal. Es de anotar que afortunadamente en todas estas Cortes también laboran juristas muy correctos, honestos, equilibrados, intelectualmente bien preparados y brillantes profesionales

En tiempos recientes, se presentaron ciertas desavenencias entre jefes de varias dependencias del gobierno. Es imperativo que los funcionarios de alto nivel del Estado, nombrados o elegidos por voto popular, entiendan que ellos son el reflejo del profesional colombiano en la administración del Estado, y que cualquier desavenencia con otros colegas, especialmente aquellas que se anuncian abierta y hostilmente puede acarrear graves problemas en la gobernabilidad del país. Una cosa es tener diferentes puntos de vista y otra crearle problemas a su contraparte por sus interpretaciones u opiniones en ciertos asuntos que se pueden discernir pacífica y civilizadamente.

16) EL MEDIO AMBIENTE. Según el pequeño Larousse conjunto de factores externos e internos, físicos, sociales y biológicos que determinan el modo de ser y de vivir de los individuos.

El territorio colombiano se ha ido contaminando y destruyendo por diferentes causas, como se menciona a continuación:

a) El agua. Existen municipios donde no se tiene acueducto ni alcantarillado. En ciudades y municipios colombianos donde se tiene el servicio de acueducto y de alcantarillado, generalmente no se ha tenido la suficiente planeación para separar las aguas lluvias de las aguas negras. La minería está causando erosión drástica y contaminación por los desechos de metales pesados que se vierten con las corrientes de agua dulce. Algunas empresas industriales arrojan aceites y desechos conteniendo metales pesados y otros contaminantes en los desagües, en los ríos y quebradas sin tratarlas o no tratarlas adecuadamente de antemano. Para empeorar la situación, la población lanza toda clase de productos en las fuentes de agua contaminándolas y haciendo difícil y costoso su tratamiento. El agua contaminada con químicos y otros objetos está causando problemas de salud a los seres humanos y animales de las poblaciones por donde pasa y tendrá su costo ambiental en las costas y mares donde desembocan. El caso del rio Bogotá es el ejemplo más clásico.

La mayoría de los ríos y quebradas han sido desforestados en su área de nacimiento y a lo largo de su cauce. La erosión se está llevando las riveras de los ríos y las inundaciones en zonas pobladas se producen rutinariamente.

b) El Aire. El parque automotriz, la aviación, igualmente algunas empresas industriales expelen contaminantes al aire sin tomar las precauciones necesarias para evitar la contaminación. En muchas ocasiones no existen regulaciones al respecto o los controles que se hacen son muy laxos y permisivos.

c) El Ruido. Este es un contaminante en las principales ciudades del país. El ruido está causando graves enfermedades en los nervios y la parte auditiva de sus pobladores. En las ciudades, no se respetan los centros hospitalarios, universidades, zonas residenciales y escolares, etc. Los nuevos aparatos electrónicos que se usan para oír música causan problemas auditivos, si no se les usa apropiadamente. El uso indiscriminado de celulares, está acabando con la paz y tranquilidad en oficinas públicas, privadas los bancos y otros centros donde se aglomeran los ciudadanos. El ciudadano normal tiene que soportar el ruido del celular y las conversaciones, algunas imprudentes y otras de fantochería de los actores de turno.

d) Contaminación Visual. Las grandes vallas anunciando productos, negocios y propaganda política desdibujan el paisaje y crean contaminación visual del medio. Otro factor gravísimo es el que en estos anuncios, el idioma oficial del país, el español, está siendo desdibujado.

e) Contaminación Política. Tomando ventaja de la inadecuada normatividad, no teniendo en cuenta el derecho de pensamiento y menospreciando las ideas políticas de los ciudadanos, entidades gubernamentales han tenido la fea y abusiva costumbre de colocar nombres de políticos a calles, aeropuertos, colegios, instalaciones deportivas, etc. Aquí una vez más se demuestra, la falta de cultura y oficio de ciertos funcionarios públicos, quienes no teniendo ideas para sobresalir y justificar su posición de trabajo, se dedican a la melosería con sus jefes políticos, proponiendo este tipo de proyectos inútiles de perdedera de tiempo y dinero para la nación. Esto es una contaminación visual política, aplicada generalmente por personas incultas para ganarse el favor de familiares del supuesto líder o copartidarios y que va en contra vía de la libre determinación política, los derechos ciudadanos, sanas y pacificas costumbres de los pueblos.

El Ministerio del Medio Ambiente y el de Salud necesitan coordinar acciones contra estas agresiones contra la salud de los colombianos. Se necesita una normatividad clara, concisa y su aplicación rápida y eficaz.

17) LAS RIQUEZAS NATURALES. La mayoría de los colombianos no tienen conciencia de las riquezas que se tienen en el país y la importancia que tiene preservarlas para el futuro bienestar de sus habitantes. Los páramos, ríos, quebradas, vegetación, vida animal, etc. se han ido destruyendo por diferentes causas (minería, ganaderías, narco cultivos, comerciantes ilegales de animales, tala ilegal de árboles, entre otros). Es importante que se realice una campaña de educación a toda la población en este sentido.

Las campañas con gente mayor de 30 años, producen unos resultados no muy generalizados, bastante limitados y de corto alcance, sin embargo se crea una conciencia de pertenencia aunque sea ligera, que ayude a la conservación del medio ambiente. Los sicólogos recomiendan comenzar desde la escuela primaria, para que las nuevas generaciones entiendan las generosidades de la naturaleza, sus usos y beneficios para la subsistencia del ser humano y las protejan adecuadamente.

18) LA SEGURIDAD INDUSTRIAL. Las instituciones de seguridad industrial en el país han realizado una acción importante pero muy limitada. Se requiere que esta acción cubra todo el país con normatividad apropiada, para evitar problemas de los trabajadores y del ciudadano en general. Es fácil ver en las ciudades colombianas, donde el transeúnte no es protegido. Las compañías de transporte, construcción, metal mecánicas, etc., colocan al peatón en riesgo de perder su vida, sin que este tenga la más insignificante idea de lo que está ocurriendo a su alrededor. Especialmente que no están tomando las medidas necesarias para evitar accidentes.

En general se puede confiadamente decir que se tiene un país en plan de estabilización, con múltiples problemas, pero todos ellos solucionables a corto y mediano plazo. Lo único que se necesita es mejor planeación, control en la ejecución, una administración en todos los entes gubernamentales más honestos y profesionalmente más capacitados y unos ciudadanos que deben tomar un mismo rumbo de trabajo con miras a llegar a metas claras, específicas y concisas.

19) LA CORRUPCIÓN. Este es el principal problema de Colombia. La corrupción es la madre de todos los vicios y males. Las apropiaciones de dineros del Estado a través de contratos amañados, desarrollo de obras sin cumplir con lo pactado en el contrato, los desfalcos en entidades oficiales y nombramientos de personal inepto en las esferas gubernamentales, concertar dádivas por favores a personas que han infringido la ley, etc., Este fenómeno se presenta como resultado de la permisividad de funcionarios públicos en respuesta a beneficios económicos, añadido a la falta absoluta de un sistema de justicia.

Los colombianos tienen derecho a saber que se hace con sus impuestos. Las obras que se planean ejecutar con ellos, sus beneficios, el presupuesto asignado, el tiempo estipulado para el proceso de licitación y de la obra. Si existen sobrecostos se deben explicar claramente por qué se llegó a esa situación.

Los problemas no únicamente se presentan en las empresas gubernamentales, este fatídico fenómeno se presenta en las empresas privadas. Observadores nacionales e internacionales no dudan en describir el país como uno de los más corruptos en el concierto mundial.

En todos los procesos de licitación, preparación de los pliegos, normas, lista de proponentes, distribución, recolección, estudios, evaluaciones, asignaciones y el mismo contrato pueden contener cláusulas en la cual la trampa está consolidada.

Las regulaciones y leyes que se expiden para el control de los procesos de licitación, tienen falencias que no permiten su aplicación correcta. Aun teniendo procedimientos claros y estrictos para la licitación de contratos, los individuos que los aplican pueden cambiar el rumbo de cualquier licitación.

Fuera de tener reglamentos claros o parte normativa para licitación de contratos y servicios, es necesario contar con funcionarios responsables y honestos que no permitan la apropiación de dinero indebidamente.

La mayoría de los fraudes, hurtos, robos, transacciones falsas, negociados, etc., a las empresas privadas y públicas son generados por los mismos empleados de las compañías. El entorno, puede tener alguna influencia, pero la fuente principal está dentro de cada compañía.

El cibercrimen ha aumentado drásticamente en los últimos años, es absolutamente necesario que el gobierno y las empresas privadas tomen acción urgente para proteger sus propiedades tanto dentro o fuera del país. Este es un problema grave alrededor del mundo.

Los costos de los fraudes a las empresas privadas y públicas en Colombia se cuentan en billones de pesos. El gobierno debe tomar cartas en el asunto a la mayor brevedad posible.

Si se hace un análisis cuidadoso de todo el sistema, se puede deducir fácilmente que, pueden existir problemas de normatividad, regulaciones, controles y procedimientos ambiguos, etc., pero el principal problema está en el personal que dirige y forma parte de las instituciones. Las instituciones no fracasan, los que fracasan son quienes las dirigen. Ahí es donde se debe trabajar para acabar con este flagelo de la humanidad.

20) LA SALUD. El sistema actual es un sistema totalmente inoperante. Gente muere en las puertas de los hospitales por no recibir atención médica inmediata. Otros mueren porque los medicamentos requeridos para tratar las enfermedades que aquejan a los pacientes no son suministrados. Es necesario acudir a las tutelas con las cuales a veces se obtiene algún resultado en beneficio del paciente. Se necesita hacer cola toda la noche en las puertas de los hospitales aguantando la inclemencia del tiempo para que lo atiendan en la mañana del día siguiente. Generalmente los hospitales entregan unas fichas a los primeros de la fila y los otros tienen que volver el día siguiente. Las colas en las puertas de los hospitales son cada día más largas de gente mayores de edad que van especialmente para obtener una cita médica, la cual si la obtienen es para uno o dos meses más adelante.

El sistema está diseñado como un negocio, donde varias compañías puedan mostrar excelentes beneficios al finalizar el año y no como debería ser un sistema de salud. Actualmente se está promoviendo un nuevo proyecto en el Congreso, pero las personas allegadas al sistema de la salud comentan que el cambio es mínimo comparado con el existente y que no traerá beneficios a los usuarios del sistema. Se requieren expertos en la materia, que no tengan nexos económicos con las compañías que manejan la salud para hacer un proyecto que mejore sustancialmente los servicios y las coberturas médicas.

21) EL LIDERAZGO. En los últimos años no han aparecido líderes políticos independientes en Colombia. La mayoría de las personas dedicadas a la política, representantes, senadores, alcaldes, gobernadores, etc. han llegado a esos cargos por nexos familiares, amigos cercanos que los traen al ruedo o simplemente por añadidura de un trabajo más, en el cual se puede sobrevivir. Todavía siguen los mismos partidos de hace 200 años, el liberalismo, el conservatismo y el comunismo. De vez en cuando aparecen disidencias que se han formado básicamente por problemas al repartir el ponqué burocrático, muy poco por ideologías y en contadas oportunidades por problemas éticos.

Las disidencias son compuestas básicamente por los mismos miembros o familiares de los viejos grupos. A las nuevas disidencias se les pone un adjetivo atractivo, pero es lo mismo de siempre. Unos años más tarde, cuando la oportunidad se presenta, se agrupan para formar un frente nuevo y poder compartir posiciones burocráticas en nuevos gobiernos. Esta falta de líderes independientes, se debe principalmente al sistema cerrado que ha estado operando en el país, al sistema educacional, a la falta de estímulo de formación de líderes en los colegios y en las universidades y también a las trabas legales para formar nuevos grupos independientes de los convencionales. Es muy común ver que los miembros de un partido, se sitúan en diferentes grupos dependiendo de lo atractivo que se presente el ponqué burocrático, sin darles vergüenza de ignorar sus presuntos puntos de vista ideológicos.

22) LAS TIERRAS BALDÍAS. El tema de las tierras baldías ha sido siempre un tema de actualidad. Se ha discutido mucho en todos los gobiernos de los últimos 80 años, se han hecho grandes planes y promesas pero básicamente nada se ha realizado hasta el momento. Las únicas administraciones que trataron este asunto y medio lo implementaron fueron las administraciones de Alfonso López Pumarejo y Carlos Lleras Restrepo. Es decir que todo está en el olvido. Mientras tanto muchas hectáreas de estos baldíos han sido desforestadas y tomadas para diferentes cultivos, no siempre legales.

En el pasado se les tituló estos baldíos a quien los hubiera tomado y usado durante unos años. Se creía que aquellas personas a quienes se les titulaba la tierra, la usarían para la agricultura o ganadería directamente explotadas por ellos. Aparentemente, este no fue el caso, esas tierras fueron posteriormente vendidas a otras personas y la filosofía con que se entregaron esas tierras quedó totalmente anulada. Hubo problemas de diferente índole, especialmente de logística e incentivos por los cuales la gente que trabajó inicialmente abandonó el área.

En la actualidad el gobierno no tiene idea de cuantas hectáreas están baldías y cuales están ocupadas. Es necesario hacer un estudio en toda Colombia para ver que se tiene y que no se tiene antes de hacer cualquier plan de entrega de baldíos, evitando los mismos problemas del pasado.

23) LA AGRESIVIDAD DEL PUEBLO COLOMBIANO. La agresividad tiene múltiples factores. La agresividad puede ser esencialmente verbal o física. Cuando los españoles llegaron a Colombia, los indígenas se volvieron agresivos al notar que estos les comenzaron a robar su oro, destruir su tranquilidad, sus creencias religiosas y los esclavizaron. En tope de esto los combatieron a muerte para apoderarse de sus terrenos. Más adelante, los hijos de españoles nacidos en Colombia y los mestizos fueron discriminados por los españoles nacidos en España. Hubo agresiones de ambos lados por el poder. Una de estas riñas, se efectuó el 20 de Julio de 1810, cuando se declaró la independencia. Aunque se cree que ésta última se hizo a propósito para iniciar un conflicto estudiado con anterioridad.

Una vez formada la Gran Colombia, hubo agresividad entre los centralistas y federalistas por el poder. Al final se perdieron los territorios de Venezuela y Ecuador. La creación de los partidos trajo como consecuencia la rivalidad entre el partido conservador y el partido liberal. Los líderes de ambos grupos estimularon la agresividad del pueblo para ganar o afianzarse en el poder. Estas prácticas de los políticos de la época, trajeron como consecuencia la muerte de muchísimos colombianos. Esto sucedió desde la segunda mitad del siglo XIX y casi todo el siglo XX hasta después del sistema del frente nacional en la década de los 70. El partido conservador y el liberal son culpables de la pérdida de Panamá en 1903.

Desde la inserción del partido comunista en Colombia, ha habido muertos por cuestiones ideológicas, entre los miembros de los tres partidos. En las últimas décadas se han presentado agresiones entre los diferentes grupos de subversivos, los narcotraficantes, paramilitares, otros criminales contra la población civil y fuerzas militares. Durante las administraciones liberal y conservadora recientes (1978-2014) se llevó a cabo el proceso y se produjo el juicio y decisión de la Corte Internacional de la Haya, en la cual le cercenaron 75,000 kilómetros cuadrados de mar territorial a Colombia.

Las agresiones físicas y verbales han estado al orden del día desde la iniciación de la conquista hasta la fecha.

La falta de justicia, de autoridad y desintegración de valores familiares en este país, han hecho que la agresividad de los colombianos sea permanente, la cual se usa para vengarse de los daños que le causan o le han causado otras personas.

La agresividad puede también ser innata o inducida. La falta de oportunidades, fallas en los estudios, pobreza, falta de justicia en las sociedades, inequidades en la sociedad estimulan la agresividad. Lo más probable es que en Colombia se tengan ambas causas. La violencia en todo el territorio nacional durante muchos años, la inseguridad, la impunidad, la insensibilidad social, falta de oportunidades, segregación, el maltrato en la familia y en las películas violentas que se ven en las televisión local estimulan la agresividad.

Las agresiones en la clase media y alta son menores que en la clase baja. La clase media tiene un mayor sentido de control, que la clase baja donde la agresividad es poco controlada y resulta en violencia.

Agresión y convivencia. Agresión es una conducta antisocial perjudicial para otros. Los primeros años de un ser humano son importantísimos. El niño puede absorber el ambiente donde vive. Si el ambiente es sano y pacífico, es probable que el niño en su adultez no sea agresivo. Si el medio donde se levanta es agresivo, es muy probable que el resultado sea un niño agresivo. Los años posteriores, también tienen una incidencia grande en su formación. La frustración de una persona puede generar agresividad.

Se cree que la agresividad proviene esencialmente del período formativo en la niñez. Una persona que continuamente es agresiva y su estado son permanentes, es muy posible que en el futuro su agresividad empeore. Se puede llegar a la agresión hostil que es cuando un individuo ataca a otra persona físicamente o con palabras o usa otras conductas antisociales.

La agresividad se considera que es una parte biológica inherente al ser humano. Esta también se puede desarrollar debido a frustraciones, o se puede aprender dependiendo del medio donde vive y actúa.

Aunque la permisividad de los padres tiende a reforzar y así a estimular conductas agresivas, el castigo parece tener el mismo efecto. Los hijos generalmente siguen las conductas de los padres. Si un padre es agresivo es muy probable que su hijo sea agresivo. No es sorprendente que hombres que no pueden controlar sus impulsos antisociales tuvieron padres quienes no pudieron controlar su ira, expresándolos en severos castigos punitivos físicos.

Sin embargo los padres que controlan firmemente la agresividad de sus hijos, pero no recurren a medidas fuertes al hacerlo, es el que comunica valores sociales racionales al hijo y al mismo tiempo se postula el mismo, como un modelo para la conducta del hijo.

Los padres que adoptan firmes, pero moderadas actitudes hacia la agresividad de su hijo, informan a su hijo las normas de la sociedad y lo preparan para incorporarlas dentro de su repertorio obtienen mejores resultados. Las normas sociales, mantienen los grupos juntos y los preparan para desarrollar cohesividad.

24) LAS ELECCIONES. El voto en blanco y la abstención en las elecciones para el Congreso y en la primera vuelta de las elecciones presidenciales, muestran claramente la decepción del pueblo colombiano por sus dirigentes. Los mismos candidatos con los mismos partidos de siempre, sin programas o proposiciones que llamen la atención del elector. El ciudadano sabe que un voto más o un voto menos no cambiarían los resultados de las elecciones y que el clientelismo mantiene sus candidatos. Se necesita que todos los electores voten para saber si están o no de acuerdo en efectuar un cambio en las estructuras humanas de las instituciones del país. Un país siempre requiere de partidos políticos para su manejo. Los ciudadanos necesitan una baraja de partidos con programas específicos que presenten soluciones a los problemas que se presentan en el país y la forma de solucionarlos. Los miembros de un partido dentro de sus lineamientos, se preparan para mostrar a los simpatizantes lo que ellos consideran las mejores opciones para administrar exitosamente el país. La credibilidad de los partidos está en las personas que los representan, su preparación, experiencia, honorabilidad, seriedad y sapiencia en soluciones de problemas estatales.

La segunda vuelta para las elecciones presidenciales de 2014 fue un verdadero fiasco. Primero, los candidatos quisieron ganar la presidencia a como diera lugar, haciendo alianzas, con cualquier grupo que pudiera aportar un puñado de votos para la causa. No existieron miramientos de donde venían esos votos con tal que ayudaran para obtener un resultado final satisfactorio. Es una demostración más del ocaso en que se encuentran los partidos políticos en Colombia, donde las ideas y lineamientos se dejan atrás para dar paso al negocio de ocasión con el fin de obtener o mantener el poder en los siguientes cuatro años, sin planeación para el futuro, pensando que los siguientes años se arreglarán más adelante sobre el camino. Segundo, los candidatos no presentaron programas de gobierno atractivos. Lo único que se presentó o se mencionaba en la plaza pública era el lema: escoja entre paz o guerra. Esto sonaba más a una amenaza, que a una propuesta de elecciones. A los colombianos se les estaba diciendo o votan por la paz o esperen las consecuencias, la intención no era esa, pero el común de la gente lo entendió de esa manera.

La paz no se mostró como un proyecto atractivo y los beneficios que traería a los colombianos por muchísimas y obvias razones. No se les trató de convencer, sino de obligar a votar. Tercero, la guerra quizás ha creado en los colombianos el concepto errático de que quien más grita e interrumpe al contrincante para hacerle notaciones algunas interesantes, otras no mucho, tiene la razón. El grotesco espectáculo de estarle diciendo al opositor mentiroso, etc., dejó un pésimo sabor de la clase política que va a representar a los colombianos y a dirigir los destinos del país en el futuro inmediato.

No se ha llegado al punto civilizado donde a cada expositor se le debe respetar el tiempo y dejarle despejado el campo para que haga su presentación de gobierno. Se debe respetar al expositor y naturalmente a la audiencia (viendo el programa por televisión) que es el pueblo colombiano y quien al final debe escoger. Los invitados a asistir a los recintos donde se realiza el evento, pueden hacer las preguntas pertinentes al final.

Teniendo en cuenta lo sucedido anteriormente, la reelección del presidente Santos se obtuvo finalmente con el 51% aproximadamente del total de la votación. Se espera que en los siguientes cuatro años consolide la paz para los colombianos, una tarea bastante difícil, pero no imposible.

Otro de los hechos importantes en estas elecciones fue el apoyo que le dio la izquierda a Santos. Ahora, en los futuros meses estará obligado a darle a la izquierda parte del ponqué del poder. Con esto, la izquierda encontró el estribo que tanto buscaba para subirse a la silla del poder presidencial, el cual podrá ampliarse en las siguientes elecciones, teniendo en cuenta que serán parte integral de quien cuenta votos (el gobierno), apoyado por las instituciones gubernamentales que administren. Además tendrán apoyo por dentro y fuera del gobierno. Esta es la primera fase de toma del poder por la izquierda. El principal apoyo de las elecciones vino de departamentos donde la izquierda tiene gran influencia: Santander, Norte de Santander, Arauca, Guainía, Vaupés, Putumayo, Nariño, Cauca, Chocó y naturalmente Bogotá.

25) LA HONRADEZ.

25) LA HONRADEZ. En Colombia este término se usa muy seguido para hablar que grande y magnífico es su significado y en especial de su falta de aplicación. Con la llegada de los españoles a tierras colombianas, comenzó el saqueo, el robo, la estafa, el despojo de tierras y demás propiedades de los nativos. Esta actividades criminales estaban apoyadas por los reyes de la monarquía española, quienes se beneficiaban de su producido. La ambición de los conquistadores era tan grande por los bienes materiales (oro, plata, piedras preciosas, etc.) que la tortura y la muerte eran actividades cotidianas contra los indígenas para conseguir la información de donde estaban escondidas esas propiedades.

Aparentemente los conquistadores no fueron tan honrados para retornar el porcentaje del producido acordado en los contratos con la Corte española. Esto justificó que la Corte pusiera auditorías para minimizar las pérdidas del tesoro. Todo parece indicar que la Corte española fue relativamente exitosa con sus controles. Sin embargo, se tiene noticia que desde muy temprano en las administraciones de las ciudades colombianas, comenzando por la ciudad de Santa Marta, hubo negociados que beneficiaron el bolsillo de los administradores y sus secuaces. Todo apunta a que las peleas eran comunes por la distribución del botín correspondiente. Se debe entender que los conquistadores llegaron con un porcentaje significativo de personal sacado de las cárceles españolas por múltiples delitos.

En la época de la colonia, se tienen noticias de robos y atracos en los campos. Igualmente se tienen noticias que el contrabando era una de las principales fuentes de entrada de muchos españoles y sus compinches.

Todas estos delitos: saqueo, robo, atraco, enriquecimiento ilícito, contrabando, malversación de fondos públicos, es heredado de los pícaros españoles que vinieron inicialmente durante la conquista. Desafortunadamente en la mezcla con los indígenas, la nueva raza no pudo controlar totalmente estos instintos criminales, que parece pululan especialmente en algunos especímenes de la clase dirigente colombiana (ver carrusel de contratación, de pensiones, contrabando, enriquecimiento ilícito, asociación para delinquir, sobornos, entre otros). Afortunadamente también llegaron a la Nueva Granada otros españoles y de otras nacionalidades, gente trabajadora, honrada, con deseos de progresar y con ideas innovadoras, que hoy son un orgullo de la sociedad colombiana y lo más valioso que tiene la tierra colombiana.

PRESIDENTES DE COLOMBIA DURANTE EL SIGLO XXI

NOMBRE	PERÍODO (AÑOS)	LUG. DE NACIMIENTO.
Andrés Pastrana A.	1998-2002	Bogotá; 1954-
Álvaro Uribe V.	2002-2010	Medellín; 1952-
Juan Manuel Santos C.	2010-2018	Bogotá; 1951-

NOVENA PARTE

A DONDE SE QUIERE LLEGAR

Si se quiere alcanzar unas metas es absolutamente necesario, hacer un plan maestro de desarrollo para los siguientes 25-30 años. Este plan maestro debe ser cuidadosamente elaborado por personas expertas en cada tema. Es probable que se pueda realizar únicamente con expertos nacionales, sin embargo no se deben ahorrar esfuerzos en consultar con expertos extranjeros en caso necesario. Si el éxito es lo que se busca al final del día, es muy probable que se necesiten algunos esfuerzos y sacrificios de diferente tipo y calibre por parte del ciudadano colombiano. A continuación se presentan unos puntos que a todo ciudadano colombiano le gustaría ver realizados en el menor tiempo posible:

1) **LOS PARTIDOS POLÍTICOS.** Varios Partidos Políticos fuertes, con nuevos lineamientos, filosofía, objetivos, programas para solucionar problemas del presente y con miramientos hacia el futuro, rescatando algunas ideas pasadas que todavía se apliquen (los partidos tradicionales de Colombia, copiados de modelos europeos hace más de 160 años que los enmascaran con diferentes adjetivos, sin hacerle cambios estructurales y mostrarlos como alternativas modernas para el país), con objetivos específicos, creados por gente brillante, educada y honesta, sin nexos con los políticos actuales o sus directos familiares, sin deudas pasadas y presente con la justicia, lo mismo que sus familiares directos en primer y segunda línea de consanguinidad o afinidad, con ganas de servir al país y con principios éticos fundamentales, de arraigo y aplicación nacional. Que sean un orgullo y un sólido soporte y no una carga al desarrollo nacional. Que sirvan de base de un nuevo Congreso Nacional y a otras corporaciones públicas, ajustadas en cantidad y calidad y cuya eficiencia ayude substancialmente a solucionar las necesidades del país.

2) **EL CONGRESO DE LA REPÚBLICA.** Un Congreso conformado por profesionales educados, trabajadores, conscientes de sus obligaciones con los representados, con ideas de avanzada, que tengan principios e ideas innovadoras

y firmes, que les impidan venderse por un "plato de lentejas" al mejor postor, respetando sus ideales y a quienes representen, sin tacha alguna en el aspecto ético, miembro de familia sin problemas judiciales pasados o presentes, con sólidos conocimientos de los problemas nacionales y con deseos por tener una entidad respetable, que sea el orgullo de la democracia colombiana. Así mismo un Congreso proporcionado a la cantidad de habitantes y a los requerimientos de los ciudadanos.

3) EL PRESIDENTE DE LA REPÚBLICA. Una persona honesta, con autoridad, ideas claras y don de mando, con experiencia en asuntos administrativos y profesionales elegido por voto directo para un periodo de seis años, sin reelección inmediata o posterior. Todo candidato a la primera magistratura debe tener programas claros, aplicables, prácticos, en beneficio del país y no de grupos privilegiados, que no tenga que prometer o proporcionar dádivas, representados en el ponqué burocrático, en inversiones en determinadas áreas que los políticos llaman mermelada (¿sobornos?) o que permita ser presionado (¿extorsión?) por los congresistas u otros funcionarios para obtener su aprobación a ciertos proyectos u apoyo y que finalmente represente dignamente al pueblo soberano de Colombia.

4) LOS MINISTERIOS. Ministros nombrados por capacidades con suficiente honestidad, neutralidad y experiencia en su ramo dispuestos a trabajar durante todo el período con ahínco, que inicien, controlen y completen eficazmente proyectos que beneficien al país y al ciudadano colombiano. Ministros que puedan ejercer un cargo durante varios años y que conozcan planeación e implementación de proyectos. Evitar, el muy usado sistema de nombrar personas ineptas para el cargo con el único propósito de complacer amigos, compañeros de estudio, familiares, o un grupo político y sustraerle piso a la oposición, igualmente distribución del ponqué burocrático para mantener a todos los posibles opositores contentos.

5) EL SISTEMA JUDICIAL. Un sólido sistema judicial, con jueces honestos y debidamente capacitados, egresados de las mejores universidades nacionales, nombrados por concurso, donde la justicia se aplique imparcialmente a todos los ciudadanos, sin miramientos económicos, raza, sexo, color político o religioso.

6) LAS CORTES. Unas Cortes imparciales y apolíticas compuestas por los mejores y más honestos juristas, nombrados por capacidades y méritos, con buena experiencia sin miramientos de tiempo de servicio, aboliendo el sistema de llenado automático de posiciones disponibles o de recomendaciones políticas.

7) LAS CORPORACIONES PÚBLICAS. Gobernadores, alcaldes, concejales y diputados escogidos de lo mejor y más capacitados de cada grupo político moderno. Con excelsas virtudes de honestidad, profesionalismo y sin problemas judiciales de ellos mismos o sus familiares. En el sector privado existen muchos ciudadanos honestos, con experiencia y deseos de colaborar desinteresadamente con el desarrollo del país.

8) LOS EMPLEADOS GUBERNAMENTALES. Nombramiento en los cargos públicos por concurso en el 97% de la planta de cada organización gubernamental. Para dejarle flexibilidad a la gerencia, se considera que un 3% puede ser de libre remoción y nombramiento. Bajo ninguna circunstancia se puede aceptar cualquier tipo de discriminación entre los ciudadanos candidatos a cualquier posición gubernamental.

9) LA CONTRALORÍA GENERAL DE LA NACIÓN. Se requiere una entidad totalmente apolítica y fundamentalmente técnica. Que verifique y certifique que todos los entes gubernamentales están actuando honesta y legalmente en el desarrollo de todas sus funciones. Una entidad que haga presencia permanente en todos los sitios donde el gobierno tenga actividades administrativas.

10) EL EJÉRCITO. Unas fuerzas armadas bien equipadas, apolíticas, modernas, civilizadas, disciplinadas, dedicadas únicamente a su aspecto militar con el objetivo principal de defender la soberanía, la unidad territorial, salvaguardar el orden interno, proteger la democracia, sus autoridades, los ciudadanos colombianos y extranjeros que vivan dentro del país, con procedimientos diáfanos, legales aceptados local e internacionalmente.

11) LA EDUCACIÓN SUPERIOR. Universidades e institutos técnicos en menor número, pero con nivel académico superior al presente, que estén distribuidas estratégicamente en el territorio nacional y con suficiente capacidad para acoger a los jóvenes colombianos que deseen continuar una educación superior. Estas universidades deben ofrecer programas y cupos de acuerdo a las necesidades del país. Una integración entre universidades y la industria es necesaria con el fin de evitar el desempleo en profesionales recién graduados. Igualmente se debe tener líneas de integración con programas de posgrado con universidades locales o extranjeras de reconocido prestigio. El Ministerio de Educación Nacional debe vigilar que los programas que se ofrezcan por cualquier universidad tengan aplicación inmediata en la industria.

12) EL ANALFABETISMO. Reducir el analfabetismo a cero en los próximos años. Esto es fundamental para mejorar la calidad de vida de todo ciudadano. También es un factor de medir el progreso educativo y el apoyo del Estado con sus ciudadanos.

El artículo 68 de la constitución de 1991 dice: "Los particulares podrán fundar establecimientos educativos. La ley establecerá las condiciones para su creación y gestión.

La continuidad educativa participará en la dirección de las instituciones de la educación.

La enseñanza estará a cargo de personas de reconocida idoneidad ética y pedagógica. La ley garantiza la profesionalización y dignificación de la actividad docente.

Los padres de familia tendrán derecho de escoger el tipo de educación para sus hijos menores. En los establecimientos del Estado ninguna persona podrá ser obligada a recibir educación religiosa.

Los integrantes de los grupos étnicos tendrán derecho a una formación que respete y desarrolle su identidad cultural.

La erradicación del analfabetismo y la educación de personas con limitaciones físicas o mentales, o con capacidades excepcionales, son obligaciones especiales del Estado". <46 >.

13) LOS DEPORTES. Un Instituto de Deportes Nacional que coordine con todas las escuelas, colegios, universidades y clubes de todo el país, el desarrollo y práctica de toda clase de deportes, que beneficien tanto intelectual como físicamente a los practicantes. Aquellas disciplinas como el boxeo cuyo objetivo es causarle problemas de salud al contrincante y que afianzan la violencia, deben abolirse (el boxeador colombiano José Carmona quien recientemente quedó parapléjico cuando practicaba esta disciplina. Existen muchos casos que han corrido con igual suerte en todo el mundo). Programas especiales de entrenamiento dentro y fuera del país subvencionados por el Estado para los deportistas que sobresalgan en sus actividades. Contratación de técnicos nacionales y extranjeros requeridos.

14) LA SALUD. Un sistema de salud sólido, de buena calidad y permanente que cubra a todo los ciudadanos del país, sin discriminaciones de ningún aspecto. A todos los colombianos tienen derecho al mismo tratamiento médico. Cubrimiento total de vacunación a toda la población. La salud no puede continuar siendo manejada como un negocio de entidades privadas, donde su objetivo se enmarca en beneficios económicos. Se deben hacer planes sólidos para atender no únicamente la población joven, sino la población de mayores que será mucho más voluminosa que la actual. De acuerdo a proyecciones recientes, en el año 2000 se tenía 7% de ciudadanos mayores de 60 años (2´762,00), en el año 2025 se tendrán 15% (8´204,000) y en el año 2050 el 27% (16´675,000).

15) LAS PENSIONES. Un sistema de pensiones que cubra todos los colombianos desde finales de su edad laboral productiva hasta su defunción. Este es un programa a largo plazo, pero se necesita una buena planeación para llevarlo a cabo exitosamente. El sistema debe diseñarse de tal forma que el trabajador reciba su mesada el siguiente mes a cuando dejó de trabajar, sin tener que mendigar a las autoridades gubernamentales en varias oficinas para que se le autorice el pago.

16) LA PAZ. Tener una paz permanente tanto interna como externamente. Para ello, se requiere unas instituciones fuertes (evitando la corrupción e impunidad), imparciales, con autoridad, que hagan prevalecer la justicia y la unidad del territorio nacional. A partir de 2018 no más procesos de paz, que dilaten el desarrollo del país. Quien infrinja la ley se le aplicarán las leyes establecidas para tal fin sin contemplaciones. Este es el piso firme que se necesita para poder despegar del estancamiento que se tiene en la actualidad. La administración nacional se dedicará al desarrollo económico y social del Estado, sin discriminaciones.

17) EL AGRO COLOMBIANO. Desarrollo y mejoramiento gradual y permanente de la agricultura en todo el territorio nacional. Evitar continuar siendo mono cultivador. Alcanzar niveles de auto abastecimiento y de exportación. Activar aéreas improductivas que generen productos para el mercado interno o externo. Producir todo aquello que actualmente se está importando, si la tierra y las condiciones climatéricas lo permiten. "La tierra le dará todo lo que necesita para vivir si hace uso apropiado de ella".

18) LA MINERÍA. Continuar siendo exportadores en mayor volumen de oro, carbón, esmeraldas y otros minerales, pero sin menoscabo del medio ambiente. Se debe controlar la minería ilegal a todo costo. Sin embargo se debe dar apoyo tanto económico como técnico a la minería artesanal a ciertos grupos que lo requieren para su supervivencia. Haciendo las correcciones necesarias para evitar problemas ambientales

19) LA INDUSTRIA. Importar materias primas y exportar productos terminados, en lugar de continuar exportando las producidas en el país. Apoyar la formación de pequeños y medianos empresarios en las diferentes industrias que se analicen y consideren como económicamente atractivas. Diversificación de industrias que produzcan bienes para el consumo interno y externo. Crear zonas industriales en pueblos distantes generando polos de desarrollo en esas zonas para que más colombianos tengan acceso al empleo.

20) LA INNOVACIÓN. Utilizar energía proveniente de otras tecnologías diferentes a los hidrocarburos e hidráulica. El país requerirá de una cantidad de energía mucho mayor que la que actualmente se está generando con el fin de apoyar las nuevas industrias. Tratar de exportar el excedente de energía, si se consigue llegar a ese nivel, a los países vecinos.

21) LA REFORESTACIÓN. Tener una producción tecnificada de madera para construcción, y para producir muebles entre otros productos con destino al mercado local y extranjero. Existen muchas áreas en el país donde esta industria podría tener éxito tanto en el aspecto ambiental, como económico y sería una fuente de nuevos trabajos. Se desea tener un país reforestado sin rastros de desiertos.

22) LAS FUENTES HÍDRICAS Y MEDIO AMBIENTE. Un medio ambiente sano, sin contaminaciones, con ríos y quebradas totalmente reforestadas a lo largo de su cauce. Páramos y aéreas protegidas, intactas, donde la naturaleza crezca salvaje y los animales puedan sobrevivir libres en su ambiente natural, sin la amenaza del hombre.

23) EL TURISMO. Entradas significativas por el desarrollo de la industria del turismo. Colombia es uno de los países con un gran potencial para esta industria. En muchos países es una fuente importante de ingresos económicos del Estado. Colombia tiene muchas cosas que ofrecer en este ramo y si se planea y ejecuta cuidadosamente, podría competir exitosamente con otros países.

24) EL SISTEMA FINANCIERO. Un sistema financiero, bien establecido, serio, sólido y comprometido en ayudar al desarrollo del país y a sus habitantes.

25) EL PRESUPUESTO. Tener un presupuesto balanceado y un país libre de deudas. Se debe tratar de conseguir empréstitos únicamente para proyectos en los cuales el dinero que se invierta se pueda recobrar con réditos significantes. El presupuesto se debe preparar y los principales proyectos de desarrollo publicarlos en los principales periódicos del país para conocimiento de la ciudadanía (la comisión de presupuesto del congreso únicamente aprobará a posteriori) para incluir los mejores proyectos que se requieran emprender.

26) EL DESARROLLO. Estar a la vanguardia del desarrollo en Suramérica. Es recomendable hacer alianzas estratégicas con los vecinos para desarrollar sinergias que puedan competir en el continente americano u otros continentes. Se debe estudiar y entender las oportunidades que pueda traer la globalización y aprovecharlas.

27) LAS TIERRAS BALDÍAS. Se debe hacer un censo de las hectáreas que se encuentran disponibles en el campo y catalogarlas de acuerdo a su calidad y posibles usos en el futuro. Estas áreas no se deben titular en propiedad a quien las use. Estas tierras deben permanecer como propiedad del estado. Un estudio debe ser hecho para saber cuántas hectáreas necesita una persona de acuerdo a la calidad de la tierra, para hacerlas económicamente atractivas y donde pueda sobrevivir. El gobierno tiene que proveer facilidades básicas para las personas que allí se establezcan tales como escuelas, colegios, hospitales, agua potable, vías de comunicación, etc. El terreno se daría en arriendo (precio simbólico) por cinco años. Si la persona que toma en arriendo hace uso de la tierra apropiadamente, se le va extendiendo el contrato por 5 años adicionales y así sucesivamente. De lo contrario se le titula a otra familia que se muestre interesada. Lo mismo se debe hacer con baldíos que han sido tomados por personas o empresas y que no hayan sido escriturados en propiedad a esas personas o entidades nacionales. A las personas que tengan predios del Estado en arrendamiento y que fallezcan, el contrato de arrendamiento pasará a la esposa(o). Si existen hijos mayores de 18 años y que deseen continuar con la agricultura, el predio en arriendo no se dividirá. El gobierno les entregará, si están disponibles otros predios similares. Se debe prohibir la compra de terrenos por entidades o personas extranjeras. Sin embargo se les puede arrendar a precios comerciales por unos años para que desarrollen el área y produzcan empleos.

28) LA POLICÍA- La policía se creó con la idea de coordinar todos los entes civiles dentro de la nación. El perfil del policía se supone que es una persona amable, cordial, honesta, que ayude a la población a solucionar problemas que se presenten cotidianamente en la sociedad. Al inicio de la república desafortunadamente esta fuerza policial se politizó y fue mal usada por los caudillos de la época para amedrantar a sus oponentes. Desafortunadamente fueron incorporados a la institución personajes de diferente calibre ciudadano y la institución no ha podido ejercer plenamente las funciones para las que fueron creadas.

Es deber de las autoridades hacer una purga cuidadosa de todos sus miembros, para dejar únicamente aquellos que sean una garantía para la institución y para la sociedad. Se requiere que la sociedad crea de nuevo en sus agentes. Se debe incorporar a la institución personas de mejor educación, con personalidad y dotes de autoridad. Una fuerza pública honesta que trabaje por el bienestar de la comunidad será apoyada y respetada por la ciudadanía en general.

DECIMA PARTE

RECOMENDACIONES GENERALES

A). A continuación se presentan recomendaciones generales, con las cuales se espera mejorar substancialmente la administración y desarrollo del Estado Colombiano. Estas recomendaciones pueden ser estudiadas, analizadas detenidamente e incluidas como adiciones y otras como enmiendas a la Constitución vigente.

1) **EL LITIGIO CON NICARAGUA.** Se debe recibir pero no se debe implementar. No siempre las decisiones de las cortes internacionales son equitativas y todo hace indicar que esta tiene graves falencias que van en contra de los intereses del pueblo colombiano. Se debe comenzar a negociar en forma civilizada y paciente con Nicaragua, tomando como base y comienzo lo discutido en el tratado de 1928, sin comprometer las áreas que los Sanadresanos han ocupado y disfrutado desde que forman parte de Colombia. Si Nicaragua decide no negociar, entonces, Colombia debe continuar ejerciendo soberanía en el área integrada a Colombia como lo estaba haciendo antes del fallo de la CIJ. Igualmente se debe evitar el desmembramiento de las islas del norte del archipiélago por aguas ajenas. En cuanto a la zona de mar extendida, más allá de las 200 millas se les debe dar un rotundo No. Sin ser belicistas, pero si la situación lo requiere se debe hacer uso de las fuerzas militares que han sido creadas y entrenadas para tal fin: salvaguardar la unidad territorial del Estado.

2) **EL CONGRESO DE LA REPÚBLICA.** Está entidad se encuentra inmensamente sobredimensionada, como la mayoría de las corporaciones públicas del territorio nacional. Se recomienda reducir el número de senadores y representantes a 38 los primeros y los segundos a 38 únicamente, incluyendo dos por Bogotá, dos por indígenas y dos por negritudes. Este grupo de personas es más que suficiente para llevar a cabo lujosamente las actividades que demanda esa entidad.

En la actualidad se tienen 100 senadores que le cuestan al país aproximadamente $ 72,000.000.000 al año ($60,000.000/mes/senador). Esto incluye: salario, primas, escoltas, transporte aéreo y terrestre, comunicaciones, planta de oficinistas, etc. No se incluyen costos de oficinas.

Representantes a la Cámara son 166. Un costo similar al anterior/ representante. El costo actual es: 166 x 60'000.000 x 12 = 119.520.000.000/ año. Para un total de $191.520 millones del Congreso.

Con el recorte, el número de senadores a 38 únicamente y los representantes también a 38. El valor total de la nómina sería: (38+38) x 60,000.000 x12 = $54,720 Millones. Un ahorro de $136,800 Millones/año aproximadamente.

3) LA EDUCACIÓN Y PREPARACIÓN. Actualmente, la mayoría de los ciudadanos colombianos tienen en calidad y cantidad, una educación muchísimo más extensa que hace 150 años (El analfabetismo en 1850 era de 98%: el actual es de 10% aproximadamente). Por lo tanto, es lógico que se desee y necesite urgentemente mejorar la composición de las entidades oficiales. Por esta razón, se propone que los congresistas tengan al menos un título universitario otorgado por una universidad colombiana o extranjera reconocida por el gobierno colombiano. Un Estado moderno requiere de legisladores mejor preparados académicamente. De esta manera se espera mejorar substancialmente la calidad, ética y eficacia del Congreso.

4) EL PERIODO PRESIDENCIAL. Estudiar la posibilidad de cambiar el período presidencial de 4 a 6 años sin derecho a reelección inmediata a partir de las elecciones de 2018. El período actual de 4 años es muy corto para ejecutar programas de gobierno. Seis años, es un tiempo prudencial y daría más oportunidad de desarrollar y completar programas de gobierno y evaluar sus resultados. Las otras corporaciones donde sus miembros son elegidos por voto popular directo deben permanecer con los periodos de cuatro (4) años estipulados actualmente en la Constitución.

5) LA EDAD PARA CONGRESISTA. Para formar parte del Congreso, donde se legisla para todo el país, se requieren personas no únicamente con educación universitaria, sino con alguna experiencia laboral en la vida y que conozcan los problemas no únicamente del país, sino los extranjeros y puedan comparar y sacar conclusiones y tenerlas en cuenta para hacer las mejores decisiones para el Estado Colombiano. Se recomienda aumentar la edad para ser elegido senador de 30 a 40 años y de los representantes de 25 a 35 años. Con esta reforma se le da más solidez y confianza a las decisiones del Congreso.

Se debe considerar también que la vida promedio del colombiano llega actualmente a 75 años, muy lejana está la época de la independencia en que era de 38 años aproximadamente, teniendo en cuenta que en 1900 era de 46 y en 1950 de 50 años.

Desde que se hizo la Constitución de Cúcuta en 1821, o sea casi 200 años no se han corregido las edades para aspirar al Congreso. La esperanza de vida del colombiano se ha duplicado. Se necesita urgentemente hacer las correcciones necesarias para actualizar requisitos indispensables para ser congresista. De esta forma los candidatos al Congreso tendrían más tiempo de prepararse tanto en Colombia como en el exterior, en la vida práctica como en la intelectual lo cual traería grandes beneficios al país.

6) EL CAMBIO GENERACIONAL Y OPORTUNIDADES.

Para modernizar y darles oportunidades a nuevos líderes, se recomienda que un ciudadano no pueda pertenecer al Congreso (Cámara y/o Senado) en más de dos períodos, ya sean continuos o intercalados. Para aquellas personas que hayan estado por cuatro o más períodos en Enero del 2018, no podrán aspirar a ninguna de las curules del congreso en las siguientes elecciones. La población colombiana se ha duplicado en los últimos cincuenta años y es necesario abrir el camino a nuevas ideas.

7) LOS AJUSTES SALARIALES. Con el objeto de evitar discriminaciones en el gobierno se debe tratar a los ciudadanos con el mismo criterio, en cuanto a aumentos salariales. Tanto las personas elegidas como las nombradas y en general todo trabajador del gobierno colombiano, tiene las mismas condiciones en el costo de vida. Por tal motivo, los aumentos de los salarios de los congresistas no podrán ser superiores al porcentaje que se aplique anualmente para el salario mínimo del trabajador Colombiano. Cualquier decreto contrario a esta política debe ser derogada.

8) EL NIVEL DE SALARIOS. A partir de 2018 bajo ninguna circunstancia los salarios pagados por el gobierno a personal nombrado o elegido para cualquier corporación pública puede ser superior a 15 veces el salario mínimo. Se exceptúan, de esta regulación los salarios de la Planta Diplomática, los Ministros y del Presidente de la República.

9) LA MORALIZACIÓN DEL ESTADO. Para moralizar las instituciones gubernamentales, se recomienda que no puedan ser parte en cualquier rama de la organización gubernamental personal elegido por voto público o nombrado directamente las siguientes personas:

Quienes hayan sido condenados en cualquier época por sentencia judicial a pena privativa de la libertad, quienes estén siendo investigados penalmente por la justicia, quienes tengan familiares hasta en cuarto grado de consanguinidad directa, segundo de afinidad y primero civil con personas condenadas o siendo juzgadas por la Justicia. A partir de 2018, acabar con la diferenciación de delito político y delito común, cuando una acción belicista cause daño a la población civil en su integridad personal o sus propiedades. Un atentado contra cualquier ser humano es un delito y como tal debe cualquier infractor ser tratado por igual ante la ley.

10) EL CONTRALOR GENERAL DE LA REPÚBLICA. Que el Contralor General de la República, sea nombrado por el Congreso para un período de 4 años de una terna de 4 candidatos enviados por la Sociedad Colombiana de Ingenieros, La Asociación Colombiana de Contadores Públicos, La Sociedad Colombiana de Abogados y La Asociación de Universidades Colombianas. Su elección se llevará a cabo dentro del primer mes de elegido el nuevo congreso. El contralor debe ser apolítico y la entidad que dirige debe ser totalmente apolítica, y apoyada por compañías privadas, para mejor control. De esta manera se garantiza una auditoria más directa y sin compromisos con las instituciones gubernamentales.

Con esto, se trata de evitar el famoso "a cómo voy yo" o la mordida en los contratos estatales. Todos los contratos de un monto superior a $50 millones deben ser revisados antes de ser firmados para confirmar estricto cumplimiento de procedimientos. Igualmente se debe efectuar una auditoria posterior para ver que todo se halla llevado a cabo de acuerdo al contrato, incluyendo el tiempo programado y de ejecución, como la calidad de la obra. Se debe auditar que cualquier persona conectada con el gobierno, no tenga influencia en la asignación de contratos. Los procedimientos deben ser claros y concisos para que se le dé el valor al pago del gobierno escogiendo la mejor opción disponible. No siempre la menor propuesta económica es la más atractiva. Se deben evitar re-ajustes del contrato excepto en caso muy especiales.

11) EL VOTO OBLIGATORIO. Esto es absolutamente necesario para el buen desarrollo del país. Los ciudadanos tienen la obligación de velar porque las instituciones gubernamentales se formen con los mejores candidatos disponibles. Así, nadie puede reclamar o criticar el ejercicio electoral. Es una necesidad saber que piensan los ciudadanos del país y que país quieren. Cada ciudadano, debe votar de acuerdo a su libre conciencia.

Ningún ciudadano puede ser obligado a votar por un candidato específico por amenazas de pérdida de su empleo, su vida o la de sus familiares e igualmente de sus propiedades. Cualquier acción coercitiva para cambiar el voto voluntario de cualquier ciudadano en determinada dirección a través de amenazas o compra de votos debe ser penalizado drásticamente por la ley.

Igualmente a los jurados de mesas en las elecciones que no se adhieran estrictamente a las reglas claras y éticas de comicios electorales la ley debe castigar drásticamente ese delito.

12) EL VOTO EN BLANCO. Para elecciones presidenciales, es un deber del gobierno respetar la decisión de la mayoría. Solo en el caso de presentarse una mayoría relativa del voto en blanco, las elecciones deben repetirse, en una segunda vuelta con el candidato ganador mayoritariamente en la primera vuelta y otro (s) nuevos candidatos. Las elecciones deben hacerse en un término de 45 días. Los candidatos derrotados no podrán participar.

13) LAS ELECCIONES. Sin reducir la eficacia en el suministro de datos y los controles pertinentes de los comicios, se necesita estudiar la posibilidad de reducir el costo de las elecciones. Es posible que estas se puedan realizar con unos costos notablemente menores. En un futuro cercano, cuando las elecciones se hagan en un Estado pacífico, se pudiera pensar en hacer las elecciones en 3 o 5 días, en las oficinas gubernamentales. Esto permite que todos los ciudadanos puedan concurrir a las oficinas públicas, sin necesidad de preocuparse por los problemas climatéricos. Por el momento esto no es posible por la violencia que se vive en el territorio nacional.

Con lo anterior se requiere prudencia de la ciudadanía y continuar utilizando el sistema del voto secreto por un tiempo adicional.

Se necesita suministrarle mayor y mejor información a los electores con anterioridad para evitar errores que se traduzcan en votos nulos.

14) EL SISTEMA ELECTORAL. Acabar con la segunda vuelta en las elecciones presidenciales. El ganador mayoritario debe formar el gobierno con los partidos minoritarios, para llegar al 51% al menos de la votación generada. Esta composición del gobierno y su negociación con los partidos minoritarios, es la legítima autoridad del candidato ganador. En la actualidad es lo que básicamente se hace y se negocia entre partidos. Así que gastar $200,000 millones extras que se considera costó la segunda vuelta en el 2014, no tiene sentido. Este dinero puede servir para otras obras que necesita el país.

15) EL MINISTERIO DE JUSTICIA. El Ministro de Justicia junto con el Congreso debe organizar el sistema de Justicia en Colombia y que alguien se haga responsable del grande problema que se tiene actualmente. Que se hagan concursos para escoger los mejores y más capacitados jueces y de mejor porte ético. Es fundamental ejercer un control cercano, a las facultades de derecho del país asegurarse que los graduados de esas universidades posean conocimientos intelectuales, éticos y morales para que sean una garantía y no una carga contra la sociedad en el desarrollo normal de su profesión.

16) LAS PENAS CARCELARIAS. Instituir la pena perpetua para delitos que van contra la dignidad del pueblo colombiano y la estabilidad del Estado (secuestro, extorción, violación y terrorismo). Esta es una necesidad solicitada por la mayoría de los ciudadanos, para castigar delitos bastante comunes y que agobian al ciudadano colombiano y que han sido y son un freno al desarrollo del país.

17) LOS CÓDIGOS JUDICIALES. Estudiar los códigos de procedimiento penal y de policía para actualizarlos y poder legislar de acuerdo a su contenido. Evitar tanto tipo de rebajas, que prácticamente hacen inoperante el sistema y ridiculiza la justicia colombiana. Se recomienda estudiar las siguientes proposiciones:

I) Los siguientes delitos deben considerarse como un atentado contra la integridad del Pueblo Colombiano y el Estado en concreto. Por tal motivo se les debe clasificar dentro del grupo que merecen la pena perpetua y no podrán ser indultados a partir de 2018 por ningún ente gubernamental:

a) Secuestro en todas sus categorías.
b) Violación carnal en todas sus categorías.
c) Destrucción de los bienes permanentes del estado (puentes, carreteras, hospitales, oficinas, escuelas, colegios, universidades, acueductos, alcantarillados, redes eléctricas, etc.) cuando se hace a propósito, con el único objetivo de crear zozobra, perjudicar la paz interior y dañar los bienes del estado.
d) Terrorismo en todas sus categorías.
e) Extorción.

II) A los siguientes delitos se les debe aumentar la pena considerablemente y no podrán tener excarcelación ni rebaja de penas por ningún motivo:

a) **Homicidio.**
b) Robo, cuando se ha causado daño físico a la víctima.
c) Corrupción administrativa. Para aquellos delitos como el robo continuado cometido por el personal trabajando o vinculado a cualquier institución gubernamental.
d) Cuando se ha incurrido dos o más veces en el delito de robo simple.
e) Utilización de menores de edad en grupos al margen de la ley o prostitución.

Nota: No se hará rebaja de penas por estudio para ningún delito. Ni habrá casa por cárcel, excepto por enfermedad debidamente comprobada para personal que esté purgando penas clasificadas de baja peligrosidad o delitos menores y cuya pena no sea superior a treinta y seis meses. La rebaja de penas por cualquier circunstancia no será mayor a un tercio de la mínima pena estipulada en el código penal para ese delito.

III) A personas que destruyan propiedades privadas o públicas (no incluidas en bienes permanentes del estado), se les cobrará por los daños causados. Si son menores de edad, se les cobrará a los padres de familia, incluyendo los costos de la estadía en la cárcel antes de excarcelar a los culpables.

A los presos que quieran trabajar como se propone anteriormente, se les pagará el 50% del salario mínimo (en la actualidad alrededor de $308,000). El 50% del salario ($154,000), se dedicará para pagar la comida, dormida, vestuario y otros gastos que tiene el Estado por tener los presos en la cárcel. El otro 50% ($154,000) se le entregará al final de la condena. Con esto se reducen los costos del Inpec. Y se evita que los honestos contribuyentes continúen siendo penalizados por culpa de otros individuos. Un buen ahorro se hace con este sistema. Además los presos estarán mejor física y sicológicamente, lo que conlleva a menos gastos hospitalarios.

18) EL CUMPLIMIENTO DE PENAS. El país necesita construir, mejorar, mantener carreteras, y caminos vecinales. Las personas condenadas a cadena perpetua pueden efectuar esos trabajos directamente dirigidos por compañías gubernamentales o a través de compañías privadas con vigilancia gubernamental.

Con los no excarcelables, igualmente se pueden construir, mejorar y mantener alcantarillados, acueductos, drenajes y otros sistemas de salud para el país.

Otros presos, se pueden utilizar en la construcción, mantenimiento o mejoras de parques, limpieza de calles en los municipios y ciudades, reforestación de las laderas de los ríos y quebradas, reforestación de áreas para la industria maderera, etc.

Adicionalmente se continua con los talleres en las cárceles para quienes quieran y se les acepte en esas actividades.

19) LA CORTE SUPREMA DE JUSTICIA. Nombrar una comisión para estudiar y clarificar las funciones de las Corte Suprema de Justicia, La Corte Constitucional, El Consejo de Estado y El Consejo Superior de la Judicatura (si no se decide liquidarlo), para evitar choque entre ellas y con otras instituciones del Estado.

20) CAMBIO DE NOMBRE. Cambiarles el Nombre a las Cortes por otro nombre menos monárquico y más centrado en sus funciones jurídicas. Por ejemplo Departamento Supremo de Justicia, etc.

21) EL PRESIDENTE DE LA REPÚBLICA. Para ser presidente de la República de Colombia, se necesita ser ciudadano colombiano por nacimiento, ciudadano en ejercicio, haber ejercido una profesión por más de diez años, ser mayor de 45 años y no haber sido candidato a la primera magistratura en más de

una oportunidad. Con esto se benefician las nuevas generaciones y se le da paso a nuevas ideas. De esta forma se evitan los candidatos presidenciales perennes. Igualmente se escoge para presidente una persona con mayor experiencia, dignidad, de ideas claras y sólidas y mayor edad que los requeridos para los otros cargos públicos.

22) LOS NUEVOS PARTIDOS POLÍTICOS. Los dos partidos políticos como se les llama "tradicionales" o mayoritarios, como lo fueron en una época, escasamente sumaron unos votos en las elecciones (2010). Esto confirma que su popularidad sigue en descenso. Las nuevas generaciones quieren algo mejor y más representativo. Se recomienda, estimular a las nuevas generaciones para crear otros partidos, con ideas autóctonas y modernas, que representen el sentir del pueblo colombiano, con sólidas bases democráticas, morales y éticas. Los partidos "tradicionales" representan ideas consentidas hace algo más de dos siglos. En la actualidad están obsoletos y le hacen un mal grande al país actuando como refugios de viejas costumbres y resabios que van en contravía de las conductas sanas de un Estado moderno. Estos grupos sirvieron su cometido en cierta forma, registrando desafortunadamente graves faltas contra el Estado (pérdida de la mayoría del territorio colombiano, corrupción, etc.) y sus ciudadanos (miles de muertos por guerras políticas) en toda la época de sus existencias. Se recomienda descontinuar el subsidio de estos dos partidos con dinero del erario, igual trato se les daría a los nuevos partidos que se formen.

23) EL MINISTERIO DE RELACIONES EXTERIORES.
Está siendo subutilizado. Varios problemas que se confrontan actualmente, son derivaciones de la falta de una diplomacia organizada y efectiva. Se les debe dar paso a personas con formación profesional en la diplomacia, que hagan una carrera administrativa. Se debe hacer nombramientos por capacidades, preparación y méritos. Es absolutamente necesario que el personal en los consulados y embajadas tengan un conocimiento sólido de economía y negocios internacionales. En la vida moderna estas oficinas en otros países son utilizadas, fuera de su cometido diplomático, para mejorar substancialmente las transacciones comerciales. Por varias razones, a veces es necesario nombrar políticos en estas posiciones. Se recomienda que estos nombramientos no permanezcan más de cuatro años a la cabeza de una embajada. De lo contrario la embajada pierde su esencia que debe ser el valor comercial y diplomático que de ella se genera y de paso causando una desmoralización del personal de carrera.

24) LA EDUCACIÓN. Se debe hacer un plan con expertos en la materia para mejorar el nivel de educación en todos sus niveles. El plan debe comenzar con el ordenamiento de la planta actual, colocándolos en el lugar adecuado de acuerdo a su capacitación y edad, capacitándolos para futuras promociones y reemplazar gradualmente a los que se encuentren cerca de la pensión o aquellos que por su edad o condición física no pueden seguir siendo capacitados. Estos reemplazos deben hacerse de forma prudente, cuidadosa, humana y siguiendo todos los principios de equidad para quienes lleguen y para los que se pensionan.

Los establecimientos para la educación deben ser adecuados, lo mismo la calidad y cantidad de profesores en todos los niveles. Las remuneraciones, condiciones y desarrollo profesional para el cuerpo docente deben ser atractivas con lo cual se consigue el concurso de los mejores exponentes profesionales disponibles en el país. Se debe estar atento a los direccionamientos de la educación en los países desarrollados para tratar de nivelar el desarrollo educativo.

Se recomienda poner especial énfasis en las investigaciones científicas. Por lo menos triplicar inicialmente la cantidad que actualmente se proporciona para este rubro. En la actualidad estamos en los puestos más bajos de América Latina en esta línea. Esto es básico en el desarrollo del país. Se recomienda que el ministerio de educación nacional cree una gerencia apolítica y esencialmente técnica que se encargue de la programación, planeación, desarrollo, control de calidad del personal docente (primario, bachillerato y educación superior), control de centros educativos en todos sus aspectos, para evitar universidades de garaje y carreras que no tienen presente ni futuro. Igualmente colocar al frente de esta gerencia, profesionales con experiencia en educación (no recién egresados o políticos sin ninguna experiencia en educación).

25) LA SALUD. Se recomienda formar una comisión de expertos en salud, para que asesoren al gobierno en esta área. La salud es un rubro importantísimo en la vida de los ciudadanos. Se debe trazar un plan, económicamente sólido que en un tiempo prudencial pueda cubrir a todo ciudadano colombiano, sin menoscabo de la calidad de la atención médica. Por los problemas recientes con las reformas presentadas públicamente se sobre entiende que la comisión o grupo de asesores que tiene el Ministerio, no son los apropiados para este trabajo. Los problemas siguen vivos, gran cantidad de personas y entidades que conocen el tema se muestran muy preocupadas y sorprendidas con las casi nulas reformas que se planean en el Congreso con el aval del gobierno. Es indispensable afrontar con celeridad y sapiencia los problemas de la salud y efectuar los cambios que sean necesarios a la mayor brevedad posible. La educación y la salud deben ser los puntos bandera de cualquier gobernante en Colombia.

26) LOS HIJOS HUÉRFANOS. Todo joven colombiano huérfano de papá o mamá o de ambos, recibirá un descuento del 25% en las matrículas para pregrado en cualquier Universidad donde esté estudiando o sea aceptado. Si es huérfano de ambos padres y no tiene entradas directas mensuales, el estado cubrirá otro 50%. El excedente será pagado por el candidato. Si es huérfano de un solo padre y este gana menos de 8 salarios mínimos por mes, el estado cubrirá el 50%. Hasta la edad de 25 años.

27) EL PRÉSTAMO EDUCACIONAL. Todo hijo(a) menor de 25 años, de mujer cabeza de familia (madre soltera, separada o divorciada) sin tener en cuenta el estrato social y cuyas entradas sean inferiores a 10 salarios mínimos mensuales, el Icetex tiene la obligación de prestarles el 100% del valor de la matrícula para el pregrado en cualquier universidad del país. Si al final de la carrera las notas son superiores al 85% en promedio, el Icetex le condonará el 25% del valor prestado.

28) LOS AHORROS PARA CREACIÓN DE INDUSTRIA.
Ahorro obligatorio y creación de industria. A todo colombiano trabajando en una empresa en Colombia, el patrón le retendrá el 5% del salario mensual en los primeros cinco años y 10% en los siguientes años. La compañía le corregirá este valor por el factor de inflación del año anterior y le pasará este dinero mensualmente al gobierno. El gobierno podrá hacer uso de este dinero y le pagara´ al trabajador un interés equivalente al promedio del interés pagado por captación de dinero en los bancos durante ese mismo año. Los trabajadores pueden retirar el 50% de esos fondos después de cinco años solo para crear industrias. Pueden retirar el 75% después de 10 años y 100% después de 15 años para el mismo propósito. Después de 20 años puede retirar el dinero para usarlo en lo que a bien tenga. Después de tres años puede retirar el equivalente a dos años de ahorros por calamidad doméstica únicamente.

29) LA PRELACIÓN DEL CIUDADANO MAYOR. Los ciudadanos mayores (superior a 65 años) son la base e historia reciente del pueblo colombiano. El Estado debe velar por el bienestar de los ciudadanos mayores. Es indispensable que en todos las instituciones de gobierno y privadas, se le de prelación en trámites que estos ciudadanos realicen en esas oficinas. El respeto y la dignidad del ciudadano mayor deben ser mantenida incólume. Cualquier atentado contra la seguridad, respeto y menoscabo de su dignidad por cualquier persona o entidad debe ser sancionada eficazmente.

30) LOS IMPUESTOS TEMPORALES. Excepto en el caso de conmoción interior por problemas externos (confrontación armada con otro país), todo impuesto que se apruebe con carácter temporal, bajo ninguna circunstancia puede ser renovado o incrementado o aprobado como permanente. Los impuestos temporales deben tener un período de validez, que de ser aprobados, solo podrán ser cobrados para ese específico período y no podrán ser utilizados para otro propósito diferente para el que fueron creados.

31) LA AUTORIDAD TERRITORIAL. Las relaciones exteriores de Colombia están bajo la autoridad única del Presidente de la República y del Ministro de Relaciones Exteriores. Esta autoridad no es transferible. En cualquier conflicto o disputa con otro Estado, El presidente o su Ministro son los únicos que pueden autorizar la mediación de cualquier persona o entidad para estos efectos. Cualquier intervención de ciudadanos colombianos sin autorización escrita por el Presidente o su Ministro debe ser considerada como traición a la Patria y debe ser castigada ejemplarmente.

32) LOS IMPUESTOS NACIONALES. Es necesario hacer un verdadero estudio del sistema tributario colombiano, antes de intentar colocar nuevos impuestos. Es muy probable que no se necesite, ni reemplazar, ni aumentar los que se tienen, ni colocar nuevos. Se debe estudiar y mejorar la recolección. Adicionalmente, se debe estudiar la ampliación de la base tributaria. Quizás la reducción no la exención de algunos impuestos pueda traer entradas mayúsculas. Esto ayudaría a estimular la inversión nacional y extranjera.

33) LOS IMPUESTOS EN BOGOTÁ. Igualmente en las ciudades colombianas (caso específico Bogotá) donde el impuesto predial y de valorización alcanzaron límites inabordables por los dueños de los predios, especialmente al norte de la ciudad. Se han aumentado estos cánones de manera irresponsable por las administraciones locales, sin estudiar si los ciudadanos pueden o no pagar. Varias manifestaciones se han realizado, no únicamente en Bogotá, sino en otras ciudades del país. Este es un punto álgido y muy probable que pueda causar un levantamiento general de la población. Se está llegando al punto donde la ciudadanía puede tomar la decisión de desobediencia pública, lo cual conllevaría a resultados impensables para el Estado. Los servicios públicos están creando otro escozor entre los habitantes. Su calidad es relativamente buena, sin embargo su costo es ya demasiado alto para los ingresos promedios del ciudadano bogotano.

No toda la gente que vive al norte de Bogotá son millonarios, ni todos los que viven al sur son económicamente menos favorecidos. Gran mayoría de los habitantes del norte de la ciudad, están ahí por conveniencia familiar, estudios, trabajo y otras múltiples razones. Se debe evitar también el sistema populista de levantar y amarrar votos pasándole los costos de unos estratos a otros, esto es convertir pobres en limosneros, quitándoles responsabilidades a unos y creando una carga para el resto de la población. El suministro de servicios gratis es una medida populista, que hace daño al establecimiento. Se deben usar tarifas diferenciales en este caso. Es imperioso acabar con la filosofía popularmente muy extendida pero desafortunadamente mal aplicada y comprendida de que los ricos "paguen más impuestos". Esto, es una manera fácil de ahuyentar "la gallina de los huevos de oro" y crear problemas económicos para las instituciones gubernamentales… Se debe pagar lo justo de acuerdo a una ley justa y equitativa.

34) LAS NUEVAS VALORIZACIONES. No se debe autorizar la recolección de valorizaciones, sin antes haber completado, recibido a satisfacción y puestas en operación las obras autorizadas en valorizaciones previas. Las compañías o instituciones que realicen actualizaciones de valorización de predios, deben ser conscientes de la capacidad de pago de los habitantes del sector, lo cual debe estudiarse con sumo cuidado con las entidades del gobierno que autorizan el cobro. Los ciudadanos están perdiendo y con justa razón la confianza en sus gobiernos y en la capacidad administrativa de ellos. En los últimos años todos los gobiernos han ido subiendo los impuestos prediales de manera casi automática sin estudiar la capacidad de pago de los ciudadanos.

35) LOS SERVICIOS PÚBLICOS. Es necesario que se haga un estudio de los servicios públicos en las ciudades (alcantarillado, suministro de agua, electricidad, comunicaciones entre otros), con el fin de mejorarlos y evitar que las curadurías aprueben construcciones donde la calidad de vida de los ciudadanos se desmejore notablemente con nuevas construcciones. En Bogotá se han aprobado proyectos donde el alcantarillado no está en capacidad de recibir nuevos influjos de aguas negras causando detrimento y problemas de salubridad en las residencias construidas con anterioridad en esa área. Un ejemplo palpable es el sector de Unicentro. Se debe crear una Junta de Vigilancia, para que las curadurías presenten sus proyectos y reciban el visto bueno de la Junta de Vigilancia, antes de aprobarlos.

36) LA RECOLECCIÓN DE IMPUESTOS. Antes de condonar el pago de impuestos a personas quienes están con cuentas pendientes con el Estado, es necesario estudiar cada caso separadamente y no generalizar. Aunque algunas veces es absolutamente necesario rebajar o condonar impuestos a un grupo de personas por su estado económico, debido a múltiples factores. Este sistema debe manejarse con sumo cuidado. Esto produce desconfianza entre la ciudadanía, se desestimula y desmoraliza a quien paga sus impuestos oportunamente.

37) LA EJECUCIÓN DE OBRAS. Es necesario que el gobierno le ponga mucho más énfasis en los controles de la asignación, calidad y desarrollo de contratos y servicios que requiere el país. En los últimos años, ha habido obras (el puente de la 92, el arreglo de la autopista norte y las obras de la calle 26 en Bogotá, por nombrar algunas), donde se ve la falta de todo tipo de controles. El contribuyente, tiene repararos valederos al ver que sus contribuciones tributarias están siendo despilfarradas y no se hacen las correcciones necesarias a tiempo. La calidad y ejecución de las obras dejan mucho que desear. Es fácil encontrar en obras civiles en Bogotá que calles principales pasan de cuatro carriles a dos, puentes sin orejas, alcantarillas más altas que el nivel de la calle o demasiado bajas que pueden causar accidentes, postes en mitad de vías, etc. Es muy pobre el diseño y la ejecución. Como esto causa desprestigio a la Ingeniería Colombiana, La Sociedad Colombiana de Ingenieros y Arquitectos deberían tomar medidas drásticas al respecto, referente a los Ingenieros que diseñan, aprueban o intervengan en estas obras. Por este motivo las contralorías de todo tipo deben ser totalmente transformadas.

38) LA SEGURIDAD INTERNA DEL PAÍS. La seguridad interna del país deja mucho que desear. Para nuevas inversiones internas y externas, es absolutamente necesario estudiar programas atractivos, con reglas permanentes y claras que estimulen la traída al país de capitales destinados a crear empresa. Esto ayuda en la reducción del desempleo, y la generación de impuestos. Adicionalmente se debe seguir trabajando en la seguridad del país. Una seguridad firme atrae al inversionista tanto local como extranjero.

39) EL AGRO COLOMBIANO. La agricultura y la ganadería son pilares en el desarrollo de un país. Un país que cubre sus necesidades de comida, puede con buena planeación pasar a ser exportador en corto plazo. Se debe trabajar en la producción local de fertilizantes para las plantas y concentrados para los animales. Igualmente se le debe dar impulso a la investigación para el control biológico, minimizando el uso de insecticidas. Se deben mantener las vías de acceso y comunicación a los sitios de acopio en buen estado y proporcionar un subsidio adecuado al campesino y proveerle préstamos a bajo costo cuando lo necesite.

40) LA INDUSTRIALIZACIÓN. Se recomienda trabajar en el proyecto de vender productos terminados, en lugar de ser exportador de materias primas. Diversificar exportaciones. Esto es económicamente más atractivo y genera más y mejores empleos. Con las exportaciones de materias primas, escasamente se consigue en algunos casos la supervivencia de quienes están involucrados en esa actividad.

41) LAS REFINERÍAS DE PETRÓLEO CRUDO. Por algún tiempo en las siguientes décadas, estas plantas continuarán siendo necesarias para conseguir parte de la energía que requerirá el país para su desarrollo. La materia prima puede ser del interior del país o quizás importado. En 5 o 7 años, Estados Unidos con su la explotación de los yacimientos no convencionales, será autosuficiente, En ese orden de ideas, las compras de petróleo del exterior disminuirán considerablemente. Colombia podría reorganizar sus refinerías, y expandir algunas como la de Cartagena. La materia prima podría venir de Venezuela, que tiene unas reservas importantes y que durarían más de 50 años. El costo de transporte podría ser razonable, por la distancia y el suministro garantizado por un período de tiempo considerable. El país se beneficiaría con el abastecimiento de productos refinados, nuevas fuentes de trabajo y el exceso, pudiera venderse a los países del caribe. Esta opción se debe estudiar como un negocio rentable y conveniente para el país.

42) LA PROTECCIÓN AL DESPLAZADO. El regreso de los desplazados al campo y la protección que ellos merecen es una prioridad en la política colombiana. Se debe trabajar en este punto vigorosamente, para acabar con los problemas que el país penosamente está confrontando. Es indispensable revisar cuidadosamente que quienes se clasifiquen como desplazados realmente lo son. Probablemente existan personas que están recibiendo beneficios y no son desplazados, sino avivatos. El gobierno tiene la obligación de proteger la vida, honra y bienes de todos los colombianos sin distingo de clase, religión o pensamiento político.

43) EL EJÉRCITO. Continuar con el fortalecimiento paulatino del ejército tanto en la parte táctica y de equipamiento como intelectual para que hagan presencia en todos los rincones del Estado Colombiano. Unas fuerzas militares entrenadas, disciplinadas, civilizadas y bien organizadas son el mejor medio disuasivo para contrarrestar problemas internos y externos que atenten contra la vida de la nación. Se deben crear puentes comunicativos entre los entes civiles y militares para evitar infracciones de ambos lados que perjudiquen las buenas relaciones que deben existir en un país civilizado y democrático.

44) LA HONORABILIDAD DEL TRABAJADOR. Iniciar una política de depuración bien estructurada en todas las entidades gubernamentales, para mantener los ciudadanos más honestos, capacitados, los mejores trabajadores y que hayan observado una conducta intachable. Se debe acabar el sistema de cuotas políticas. Con esto se puede reversar la mala fama que desafortunadamente es comúnmente comentada por la ciudadanía.

45) EL SERVICIO MILITAR OBLIGATORIO. Para los jóvenes campesinos mayores de 18 años que deban prestar el servicio militar obligatorio, se le dará la oportunidad de hacer ese servicio en su área. Con este programa se previene modificar su modus vivendi y causar desplazamientos de ciudadanos hacia las ciudades, creando mayores problemas en ambas áreas. El ejército debe tener representantes en todas las áreas del país. Aun después de prestado el servicio militar, este ex soldado es un punto de contacto firme con las autoridades. Se le debe ayudar para mejorar su modus vivendi. Así se evita darle margen de acción a elementos que atenten contra el Estado y sus ciudadanos. Eliminarlo como se ha publicado en época de elecciones, sería un grave error tanto táctico como económico.

46) LOS ASUNTOS TECNOLÓGICOS. Crear o expandir el Ministerio de Asuntos Tecnológicos. Este ministerio se encargará de velar porque las nuevas tecnologías, en todas las áreas que se programen en Colombia en todas sus entidades oficiales, sean las más adecuadas desde el punto de vista técnico económico. Estudiará las nuevas tecnologías en el mundo exterior y recomendara al gobierno en asuntos de renovación de equipo y en nuevas compras de material, equipo y cambios que se requieran para modernizar el Estado. Recomendará a las universidades e institutos técnicos la preparación de ciudadanos dentro y fuera de las fronteras en nuevas tecnologías requeridas por el país.

47) EL PETRÓLEO. En los últimos quince años no se han adicionado a las reservas de petróleo del país cantidades substanciales de reservas. Los descubrimientos han sido relativamente pequeños. Sin embargo la extracción ha aumentado de alrededor de 700, 000 a aproximadamente 1,000.000 de barriles de crudo por día. En ese orden de ideas y asumiendo que no se encuentran en el inmediato futuro campos gigantes (como Cusiana, Cupiagua, Ciro Infantas, Caño Limón), las presentes reserva de aproximadamente dos billones, se agotarán en unos siete años. Es necesario continuar y acelerar la exploración de gas y aceite, con el objeto de alargar el tiempo cuando se deba comenzar a importar petróleo para el desarrollo del país. Es posible que en los yacimientos no convencionales, los cuales no hayan sido estudiados completamente y su posible desarrollo no se ha hecho en Colombia, se pueda tener un éxito como el que se registra en Estados Unidos. Esto aumentaría la cantidad que se paga por impuestos, de lo contrario habría una contracción de ellos que afectarían el presupuesto nacional.

48) EL BONO DE BUENA ESPERANZA. A partir del 2015 crear un bono que pudiera llamarse "de la buena esperanza" o "de agradecimiento" para todo ciudadano mayor de 85 años, que no gocen de ninguna pensión o medios económicos de subsistencia. El bono pudiera ser inicialmente de $150,000/mes e irlo ajustando de acuerdo a las capacidades financieras del Estado. Cinco años más tarde puede ser garantizado para mayores de 80 años. Este bono se debe ir corriendo cada 5 años hasta alcanzar la edad de 65 años. La idea es que todo ciudadano mayor tenga una entrada, aunque sea menor para sus gastos principales. Los fondos pueden provenir de un impuesto del 1% adicional a toda persona que gane más de tres salarios mínimos y de 0.5% de las exportaciones colombianas, o en su lugar un 1% del IVA.

49) LAS PENSIONES. Estudiar cuidadosamente el sistema de pensiones colombiano y asegurarse de que el dinero para cubrir estos costos esté sólidamente asegurado. Igualmente estudiar la posibilidad que a partir de 2018 ninguna pensión del Estado puede ser superior a 15 salarios mínimos evitando o cancelando supervivencia de pensiones especiales de ex empleados públicos.

50) LAS ENERGÍAS. Es necesario tener una Política de Estado y comenzar prontamente a estudiar el uso de energías alternativas de los hidrocarburos e hidráulica. Las energías alternativas: eólica, solar, geotérmica, magnética y otras están poco extendidas en el territorio colombiano y económicamente pueden ser mucho más atractivas. Es indispensable comenzar a reemplazar la energía producida por caídas de agua (hidráulica) y de hidrocarburos (gas, ACPM, etc.). Los cambios en el medio ambiente no garantizan el suministro permanente de energía que está siendo producido con la tecnología actual para las necesidades futuras del país. Aunque la energía nuclear, no es totalmente segura en el tiempo presente, se debe comenzar a efectuar estudios para su aplicación segura, aunque sea en menor escala en los años venideros en Colombia. Esto haría parte de las funciones del Ministerio de Asuntos Tecnológicos en coordinación con el Ministerio de Minas y Energía.

51) EL SISTEMA UVR. El sistema de UVR debe ser revisado prontamente para empréstitos dirigidos a vivienda. Este sistema es muy idéntico al UPAC, el cual se volvió inmanejable en épocas recientes y el UVR va en el mismo camino. Se requiere de un estudio detallado, que beneficie en la consecución de vivienda de los colombianos y que los préstamos puedan ser pagados sin mayores apremios por los dueños de la vivienda.

52) LA CONTAMINACIÓN POLÍTICA. Para disminuir la diseminación y evitar la contaminación de la toxicidad de la contaminación política dentro del territorio nacional, como viene sucediendo desde tiempos recientes, sin respeto por los diferentes actores en el país, se necesita revisar cuidadosamente la normatividad referente a contaminación política. Así se evitará la fea y abusiva costumbre de colocar nombres de políticos y otros personajes en estadios, bibliotecas, escuelas, aeropuertos, etc. sin ningún control. Se recomienda que nombres de Intelectuales, artistas, benefactores de la humanidad, etc. se pueden usar después de 20 años de muertos y para políticos después de 50 años. Una junta neutral, apolítica, nombrada por el Ministerio de Educación analizará su obra y méritos para esta distinción. Si, la junta recomienda seguir con el proceso, esta será aprobada definitivamente por el Congreso y el Presidente de la República.

53) EL RUIDO CONTAMINANTE. El ministerio del Medio Ambiente debe adicionar o revisar normas referentes al ruido en las calles (celulares, motos sin desfogue, vehículos, equipos de transporte pesado, etc.) como también en las oficinas, zonas de colegios, universidades, clínicas y espacios públicos (parques y zonas de recreación). La disminución del ruido traerá grandes beneficios en la salud de la ciudadanía.

54) SISTEMAS ECOLÓGICOS Y SU PRESERVACIÓN. El Ministerio del Medio Ambiente debe estudiar y crear las normativas para los cuidados a lo largo de las cuencas de los ríos y quebradas, su desforestación y reforestación; el cuidado de los páramos, sus sistemas hídricos y sus alrededores, al igual que los humedales y parques/áreas protegidas por el gobierno nacional. Se debe prohibir cualquier actividad industrial que contamine o atente contra el sistema hídrico del país.

55) LA SEGURIDAD EN EL TRANSPORTE URBANO. Para mejorar la seguridad del transeúnte en las calles de las ciudades se debe estudiar la aplicación de penas monetarias por infracciones cotidianas (excluyendo casos donde se presenten lesiones personales). Un sistema de vigilancia de comparendos por infracciones de tránsito debe ser puesto en operación. Los deudores al final de cada año deben publicarse en los periódicos e internet. Estos comparendos deben cancelarse a más tardar en los tres primeros meses del año siguiente. Los vehículos particulares de conductores que deban comparendos del año anterior tendrán un plazo similar, de lo contrario deben ser enviados a los patios hasta pagar las deudas pendientes. Los dueños de vehículos públicos serán responsables por contratar conductores con cuentas pendientes después del 1ro de Abril y recibirán una multa igual a la de la deuda del conductor y el vehículo será confiscado hasta que se pague la multa.

56) LA EDUCACIÓN CIUDADANA. Incluir en el pensum de estudios de la educación primaria la materia referente a salud, convivencia ciudadana, honorabilidad humana y medio ambiente. Con esto se pretende buscar ciudadanos con mayor entendimiento del medio ambiente y su protección, los peligros de salud, las normas ciudadanas, el respeto a ellas y el entendimiento de su conciudadano.

57) LA PREVENCIÓN DE DESASTRES. Instituir que todos los municipios colombianos realicen ejercicios de emergencia para casos de catástrofes naturales (temblores, incendios, contaminación del agua, inundaciones, el aire, etc.) por lo menos una vez cada año. El gobierno debe vigilar que no se construyan viviendas en las partes bajas de las laderas, a las orillas de los ríos, encima de los humedales, zonas naturales de inundación y evitar zonas donde se hayan presentado inundaciones en los años anteriores.

58) EL FONDO PARA AMORTIGUACIÓN DE DESASTRES. Se debe crear un fondo, el cual se necesita capitalizarlo anualmente para resolver problemas delicados causados por una catástrofe natural. Este fondo debe estar disponible para ser utilizado cuando se requiera de forma inmediata solo con la aprobación del Presidente y el desembolso inmediato por parte del Ministerio de Hacienda. Este fondo debe estar colocado en inversiones que se puedan convertir a efectivo de forma inmediata. Así se evitan problemas de proposiciones, recomendaciones, procesos, debates, aprobaciones, etc. Se debe crear una junta que coordine soluciones de las más apremiantes necesidades de las personas involucradas en el desastre.

59) LA SEGURIDAD INDUSTRIAL. Mejorar la normatividad de seguridad industrial en todo el territorio nacional y monitorear su estricta aplicación. Este punto es absolutamente necesario, para evitar accidentes que dejen muertos o personas en estado de discapacidad en las industrias. El gobierno debe ser bien estricto en implementar las regulaciones que protejan al trabajador y su entorno.

60) LAS TIERRAS BALDÍAS. En la actualidad el gobierno no tiene idea de cuantas hectáreas están baldías y cuales están ocupadas. Es urgente y necesario hacer un estudio en toda Colombia para ver que se tiene y que no se tiene, calidad de las tierras, futuros usos, etc., antes de hacer cualquier plan de entrega de baldíos, evitando los mismos problemas del pasado. Estos baldíos se deben entregar en arriendo únicamente por un término de 5 años a las personas que los estén ocupando o quienes tengan interés en ellos. Si la persona a quien se le arrienda esa tierra la cultiva propiamente, se le extenderá el contrato por 5 años adicionales y así sucesivamente. En caso de muerte, el área pasará la familia, igualmente en arriendo. Cuando el área no se utilice, esta debe regresar al Estado para su asignación a otra persona. La tierra permanecerá de propiedad del Estado.

A las empresas extranjeras o personal extranjero se les arrendarán los baldíos que no se utilicen por el personal colombiano por un tiempo prudente, el cual no puede ser cedido a otra entidad o persona natural. Esto ayudará al desarrollo del área y creación de empleos. Para preservar la soberanía se recomienda que los extranjeros no puedan comprar ningún baldío. El gobierno tiene que preparar vías de acceso, colegios, hospitales, agua potable, comunicaciones, etc., como también proveer préstamos con intereses bajos y plazos razonables para la financiación de cada proyecto para que los cultivadores de los baldíos y sus familiares puedan sobrevivir.

61) LOS FERROCARRILES Y CARRETERAS. Si se quiere ser competitivo, se recomienda restablecer algunas de las conexiones por ferrocarril que existían hace unos pocos años atrás y que fueron desmanteladas, como también añadir unas nuevas. Especialmente las líneas que unieran a Bogotá con las principales ciudades industriales y puertos de Colombia así: Bogotá-Medellín-Santa Marta-Barranquilla-Cali Buenaventura; con ramales adicionales como; Neiva- La Dorada-Pto Wilches-Barrancabermeja-Bucaramanga; Barrancabermeja-Cúcuta.

Se debe continuar con la ampliación de las principales vías que comunican el centro del país con las costas. Se puede estudiar la posibilidad de darlas por concesión para aligerar la construcción. Adicionalmente se recomienda hacer un mantenimiento regular y especifico a las carreteras de segunda y tercera categoría para evitar que poblaciones queden aisladas durante las épocas de invierno.

62) EL RIO MAGDALENA Y OTROS RÍOS DEL SUR ORIENTE DEL PAÍS. Es el rio Magdalena es el principal de Colombia. Este rio se usó eficientemente en el pasado. Es una arteria para transporte de pasajeros y carga. Se le debe dar prelación en su mantenimiento del rio mismo y de los puertos que tienen las poblaciones a lo largo de su curso. Otros ríos, especialmente en el sur oriente del país pueden ser eficientemente usados en las épocas de lluvia, cuando se dificulta el transporte por tierra.

63) LAS ZONAS DE RESERVA CAMPESINA. Estas zonas solo pueden usarse por tiempo muy corto en casos de calamidad pública, como un siniestro natural, temblores, inundaciones, etc., y para un trato especial del gobierno en asuntos económicos y de salud a ese grupo específico. Esta figura puede ser aprovechada equivocadamente en la creación de pequeñas repúblicas independientes dentro del país por parte de grupos al margen de la ley.

64) LA POLICÍA NACIONAL. Esta importante institución del gobierno, necesita una reestructuración total. Es absolutamente necesario hacer un estudio intenso y cuidadoso de las personas que la integran. Esta institución es básicamente la cara del gobierno en los asuntos del manejo con la problemática diaria de los ciudadanos. Se requiere una policía honesta, con buen sentido común, culta, seria, prudente y con autoridad. Debe ganarse el respeto de la ciudadanía por sus acciones.

Se recomienda mantener a los jóvenes bachilleres que prestan su servicio obligatorio en la policía, en los aeropuertos, sitios de información, turismo, manejo de personas mayores, parques, ciclo vías, investigaciones, informantes, etc. donde hacen un excelente trabajo y evitar colocarlos en sitios donde se necesite intervenciones armadas, que por su edad y falta de experiencia pueden tener graves dificultades. También se recomienda retirarlos del tránsito, donde los agresivos conductores toman ventaja de su juventud y falta de autoridad. Para el tránsito y para acciones de choque se deben tener personas de mayor edad y experiencia.

65) EL PESO COLOMBIANO: La mayoría de colombianos no tienen idea de costos cuando se habla de millones, billones, trillones de pesos, etc. Las personas deben saber apreciar los costos de las cosas, obras locales y por qué no extranjeras, presupuestos etc. Para poder apreciar los costos, se debe visualizar el

volumen o valor del dinero del cual se está hablando. La reducción de tres ceros en las nominaciones del peso ayudaría grandemente en este sentido, inclusive para quienes tienen que presentar presupuestos e igualmente para quienes los aprueban. Para todas las personas sería de gran ayuda este cambio.

66) EL RIO BOGOTÁ. La recuperación del rio Bogotá es importante desde el punto de vista de suministro hídrico para los cultivos de la sabana de Bogotá. Todas las industrias que están enviando sus desechos al rio deben tratar las aguas antes de hacer vertimientos al rio o tecnificarse para hacerlas viables desde el punto de vista ambiental. La construcción de una propia infraestructura para evitar desbordamientos y el desarrollo de lugares de recreación humana a lo largo del rio, pueden generar magníficos dividendos por el turismo que se genere.

67) LA EDUCACIÓN PARA HIJOS DE TRABAJADORES DEL CAMPO Y PEQUEÑOS MUNICIPIOS. Todas las universidades privadas y nacionales del país, incluyendo las fundaciones, deben proveer el 3% de sus cupos anuales para estudiantes provenientes del campo (2%) y para estudiantes de municipales (1%). Los estudiantes que sean admitidos, gozarán de educación gratis por todo el tiempo que lleve normalmente completar los estudios académicos. Este programa se debe implementar para municipios con poblaciones menores de 10,000 habitantes (incluyendo las veredas).

68) LA INMIGRACIÓN. Colombia ha sido un país que desde su fundación ha recibido ciudadanos de otros países por diferentes circunstancias, principalmente por razones humanitarias, económicas y perseguidos políticos. Muchos de estos inmigrantes son personas que han ayudado y siguen ayudando al desarrollo del país. Sin demeritar y sin ponerle talanquera al sistema, es necesario pensar en los futuros inmigrantes. Se les debe dar prelación a individuos sanos, jóvenes con educación superior y personas que traigan un capital significante (mayor de usd 100,000.000) para crear industria en el país.

69) LA EMIGRACIÓN. La emigración de personal calificado por falta de oportunidades principalmente o por seguridad ha sido un desangre costoso para el país. La inversión que se hace para preparar un individuo hasta completar su carrera o una persona en cualquier profesión legal, es alta. El país no se puede dar el lujo de perder esos talentos y esas inversiones que se han hecho para que otros países más avanzados y diestros en el manejo del recurso humano los aprovechen. Se debe tratar hasta el máximo de mantener los profesionales y personal calificado en otras artes en el país, con retribuciones y programas de familia atractivos. Esto sería un paso firme y necesario en el desarrollo del mismo.

70) LA PERSONERÍA JURÍDICA. Toda persona que sea elegida para el Congreso (así sea una únicamente), de la República por voto popular a su grupo o partido político se le debe proveer con la personería jurídica. Esta se pierde o se suspende cuando no puedan elegir representante (s) al Congreso. Se entiende que los grupos son administrativamente más fáciles de manejar, sin embargo en aras de la democracia, las unidades deben ser tenidas en cuenta. Se recomienda abolir el presente sistema que se necesitan determinada cantidad de votos para mantener su personería jurídica. Esto es una zancadilla a las minorías.

71) LA PROTECCIÓN AL PROFESIONAL COLOMBIANO.

En la actualidad no se tiene protección a la protección del trabajo del profesional colombiano. Las solicitudes hechas a la presente administración no han encontrado eco ni el ministerio del trabajo, ni en la cancillería de la república. Con los TLC firmados recientemente, se siente la necesidad urgente de ésta protección. Sin menoscabo de la participación técnica extranjera, la cual todavía se requiere en proyectos dentro del país, se debe estudiar cuidadosamente y coordinar con las diferentes organizaciones profesionales involucradas, la necesidad de proveer, limitar o denegar visa de trabajo al personal extranjero antes de llegar al país.

72) LA DEUDA EXTERNA. La deuda externa colombiana ha ido subiendo paulatinamente y está llegando a un punto crítico. Aunque todavía es manejable, se debe tratar de usar este recurso para inversiones que el país necesite urgentemente para mejorar su infraestructura que traiga beneficios económicos; minimizar o solucionar problemas causados por desastres naturales que afecten la población u otras inversiones que garanticen el retorno del capital en un tiempo prudencial. Se debe evitar el uso del recurso como una caja menor para completar gastos no cubiertos en el presupuesto.

73) LOS DERECHOS DE PROTESTA. De acuerdo a la constitución nacional todo ciudadano tiene derecho a reunirse y manifestarse pública y pacíficamente. Sin embargo, este derecho se acaba cuando comienzan los derechos de los otros ciudadanos. Se debe evitar que otros ciudadanos sufran las consecuencias de paros violentos, porque el Estado está en la obligación de defender la vida, honra y bienes de los ciudadanos. Se recomienda la instrucción en los colegios y escuelas la manera de realizar manifestaciones serias y civilizadas sin crearles problemas a los otros ciudadanos.

74) LAS MANIFESTACIONES. Personas que protesten seriamente se presentan como son, con vestimenta normal y sin necesidad de esconder su identificación. Los encapuchados son personas que se están preparando para realizar actos vandálicos en las manifestaciones. Aunque no hayan cometido un delito, están listos para hacerlo en cualquier momento. Se recomienda a quienes dirigen las manifestaciones no aceptar o apoyar estos individuos en las demostraciones, porque si se registran desmanes y saqueos incurrirían en un ilícito contra la sociedad, quizás tocando el delito denominado asociación para delinquir.

75) LAS ORGANIZACIONES PROFESIONALES. Desde el siglo XX los profesionales colombianos han sentido la necesidad de crear organizaciones con el fin promover la integración y participación dentro de la industria y la defensa de sus intereses profesionales. La mayoría de estas organizaciones promueven estudios en sus áreas y generalmente están a la vanguardia en asuntos tecnológicos. Ejemplo de esto es la Sociedad de Ingenieros de Petróleos (Acipet), que cumple 50 años en el 2014 de haberse formado. Existen otras asociaciones muy importantes en el país de diferentes profesiones, las cuales deben ser consultadas por el gobierno en sus respectivas especialidades cuando se hagan planes de desarrollo si se desea tener programas técnicamente, administrativamente y económicamente más sólidos.

B) ENMIENDAS QUE SE RECOMIENDAN A LA CONSTITUCION COLOMBIANA VIGENTE:

DE LOS DERECHOS FUNDAMENTALES.

Jurisprudencia C-475 de 1997.

Art. 11. (Versión actual). El derecho a la vida es inviolable. No habrá pena de muerte. <46>.

Art. 11. (Enmienda recomendada). El derecho a la vida es inviolable. Habrá cadena perpetua. No habrá pena de muerte.

Art. 34. (Versión actual). Se prohíben las penas de destierro, prisión perpetua y confiscación.

No obstante por sentencia judicial, se declarara extinguido el dominio sobre los bienes adquiridos mediante enriquecimiento ilícito, en perjuicio del tesoro público o con grave deterioro de la moral social. <46>.

Art. 34. (Enmienda recomendada). Se prohíben las penas de destierro y confiscación.

No obstante por sentencia judicial, se declarara extinguido el dominio sobre los bienes adquiridos mediante enriquecimiento ilícito, en perjuicio del tesoro público o con grave deterioro de la moral social.

DE LOS PARTIDOS Y DE LOS MOVIMIENTOS POLITICOS.

Art. 109. (Versión actual). El estado concurrirá a la financiación política y electoral de los partidos y movimientos políticos con personería jurídica, de conformidad con la ley.

Las campañas electorales que adelanten los candidatos avalados por partidos y movimientos con Personería Jurídica o por grupos significativos de ciudadanos, serán financiadas parcialmente con recursos estatales.

La ley determinara el porcentaje de votación necesaria para tener derecho a dicha financiación.

También se podrá limitar el monto de los gastos que los partidos, movimientos, grupos significativos de ciudadanos o candidatos puedan realizar en las campañas electorales, así como la máxima cuantía de las contribuciones privadas, de acuerdo con la ley.

Un porcentaje de esta financiación se entregara a partidos y movimientos con personería jurídica vigente y a los grupos significativos de ciudadanos que avalen candidatos, previamente a la elección, o las consultas de acuerdo con las condiciones y garantías que determine la ley y con autorización del Consejo Nacional Electoral.

Las campañas para elegir presidente de la república, dispondrán de acceso a un máximo de espacios publicitarios y espacios institucionales de radio y televisión costeados por el Estado, para aquellos candidatos de partidos, movimientos y grupos significativos de ciudadanos cuya postulación cumpla los requisitos de seriedad que, para el efecto, determine la ley.

Para las elecciones que se celebren a partir de la vigencia del presente acto legislativo, la violación de los topes máximos de financiación de las campanas, debidamente comprobada, Será sancionada con la perdida de la investidura o del cargo. La ley reglamentara los demás efectos por la violación de este precepto.

Los partidos, movimientos, grupos significativos de ciudadanos y candidatos deberán rendir públicamente cuentas sobre el volumen, origen y destino de sus ingresos.

Es prohibido a los partidos y movimientos políticos y a grupos significativos de ciudadanos, recibir financiación de campañas electorales, de personas naturales o jurídicas extranjeras. Ningún tipo de financiación privada podrá tener fines antidemocráticos o atentatorios del orden público.

Parágrafo. La financiación anual de los partidos y movimientos políticos con personería jurídica ascenderá como mínimo a dos punto siete (2.7) veces la aportada en el 2003, manteniendo su valor en el tiempo.

La cuantía de la financiación de las campanas de los partidos y movimientos políticos con personería jurídica, será por lo menos tres veces la aportada en el periodo 1999-2002 en pesos constantes de 2003. Ello incluye el costo de transporte del día de las elecciones y el costo de las franquicias de correo hoy financiadas.

La consulta de los partidos y movimientos que opten por este mecanismo recibirán financiación mediante el sistema de reposición por votos depositados, manteniendo para ello el valor en pesos constantes vigente en el momento de aprobación de este Acto Legislativo. <46>.

Art. 109. (Enmienda recomendada). Las campañas para elegir presidente de la república, dispondrán de acceso a un máximo de espacios publicitarios y espacios institucionales de radio y televisión costeados por el Estado, para aquellos candidatos de partidos, movimientos y grupos significativos de ciudadanos cuya postulación cumpla los requisitos de seriedad que, para el efecto, determine la ley.

Los partidos, movimientos, grupos significativos de ciudadanos y candidatos deberán rendir públicamente cuentas sobre el volumen, origen y destino de sus ingresos.

Es prohibido a los partidos y movimientos políticos y a grupos significativos de ciudadanos, recibir financiación de campañas electorales, de personas naturales o jurídicas extranjeras, de personas naturales o jurídicas como de grupos u organizaciones al margen de la ley. Ningún tipo de financiación privada podrá tener fines antidemocráticos o atentatorios del orden público.

DEL MINISTERIO PÚBLICO.
EL CONGRESO DE COLOMBIA.

El congreso es la esencia del poder democrático. Es la representación del poder popular en la administración del estado. Un congreso legítimo basa su fortaleza en el cumplimiento de los deseos de quienes representan. Un congreso tiene dignidad y se le respeta cuando sus acciones son diáfanas y persiguen la unidad y el beneficio de sus representados. Por este motivo un congreso debe estar compuesto por miembros pulcros, honestos, educados, de principios sólidos y cuya integridad no tenga tacha. Por la misma naturaleza del congreso, en algunos casos, este se crece incontrolablemente, se vuelve inoperante, una carga económica muy pesada para el fisco, pierde el dinamismo y la esencia misma de su objetivo.

En Colombia el congreso hace tiempo perdió el norte de su destino. Esta institución desbordó los límites prudentes de lo necesario, volviéndose ineficiente y una carga infinitamente pesada para los contribuyentes a las arcas del estado. En tiempo de elecciones sus asientos se disputan como lo hacen los buitres con la corroña. Es necesario encarrilar prontamente esta institución, para evitar que la supuesta base sólida de la democracia se convierta en corto plazo en lo que parece ser la primera base de la destrucción del endeble sistema democrático del País.

Para mejorar el congreso y llevarlo a su tamaño apropiado se recomienda efectuar las siguientes enmiendas a la Constitución Política de Colombia:

Art. 150 (Versión actual). Corresponde al Congreso hacer las leyes. Por medio de ellas ejerce las siguientes funciones:

18. Dictar las normas sobre apropiación o adjudicación y recuperación de tierras baldías.

e. Fijar el régimen salarial y prestacional de los empleados públicos, de los miembros del Congreso Nacional y de la fuerza pública. <46>.

Art. 150 (Enmienda recomendada). Corresponde al Congreso hacer las leyes. Por medio de ellas ejerce las siguientes funciones:

18. *Dictar normas sobre adjudicación temporal (arriendo) y recuperación de tierras baldías.*

19. *Dictar las normas generales, y señalar en ellas los objetivos y criterios a los cuales debe sujetarse el Gobierno para los siguientes efectos:*

e. *Fijar el régimen salarial y prestacional de los empleados públicos y de la fuerza pública.*

Art. 171. (Versión actual). El Senado de la República estará integrado por cien miembros elegidos en circunscripción nacional.

Habrá un número adicional de dos senadores elegidos en circunscripción nacional especial por comunidades indígenas.

La circunscripción especial para la elección de senadores por las comunidades indígenas se regirá por el sistema de cociente electoral.

Los ciudadanos colombianos que se encuentren o residan en el exterior podrán sufragar en las elecciones para senado de la república.

Los representantes de las comunidades indígenas que aspiren a integrar el senado de la república, deberán haber ejercido un cargo de autoridad tradicional en su respectiva comunidad o haber sido líder de una organización indígena, calidad que se acreditara mediante certificado de la respectiva organización, refrendado por el ministro de gobierno.<46>.

Art. 171(enmienda recomendada). El Senado de la República estará integrado por treinta y ocho miembros. Cada departamento nombrará un senador y el Distrito Capital de Bogotá, nombrarán dos senadores. Adicionalmente habrá dos senadores elegido en circunscripción nacional por comunidades indígenas y otros dos por las negritudes afrocolombianas. Los ciudadanos colombianos que se encuentren o residan en el exterior podrán sufragar en las elecciones para senado de la república.

El representante de las comunidades indígenas que aspire a integrar el senado de la república, deberá haber ejercido un cargo de autoridad tradicional en su respectiva comunidad o haber sido líder de una organización indígena, calidad que se acreditara mediante certificado de la respectiva organización, refrendado por el ministro de gobierno.

Un senador puede ser elegido por máximo de cuatro términos de cuatro años cada uno en el congreso. A partir del 2018 quien haya sido miembro del Congreso por cuatro o más períodos no podrá formar parte de nuevo del Senado o de la Cámara de Representantes.

Art. 172. (Versión actual). Para ser senador se requiere ser colombiano de nacimiento, ciudadano en ejercicio y tener más de treinta años en la fecha de la elección. <46>

Art. 172. (Enmienda recomendada). Para ser senador se requiere ser colombiano de nacimiento, ciudadano en ejercicio, tener un título universitario otorgado por una universidad colombiana o extranjera reconocida por el Gobierno Colombiano y tener más de cuarenta años en la fecha de la elección.

Art. 176. (Versión actual).

La Cámara de Representantes se elegirá en circunscripciones territoriales, circunscripciones especiales y una circunscripción internacional.

Habrá dos representantes por cada circunscripción territorial y uno más por cada 365,000 habitantes, o fracción mayor de 182,500 que tengan en exceso de 365,000.

Para la elección de representantes a la Cámara, cada departamento y el Distrito Capital de Bogotá, conformaran una circunscripción territorial.

La ley podrá establecer una circunscripción especial para asegurar la participación en la Cámara de Representantes de grupos étnicos y de las minorías políticas.

Mediante esta circunscripción se podrán elegir hasta cuatro representantes.

Para los colombianos residentes en el exterior, existirá una circunscripción internacional, mediante el cual se nombrara un representante a la Cámara. En ella, solo se contabilizaran los votos depositados fuera del territorio nacional por ciudadanos residentes en el exterior.

Parágrafo 1. A partir de 2014, la base para la asignación de las curules adicionales se ajustara en la misma proporción del crecimiento de la población nacional, de acuerdo con lo que determine el censo. Le corresponderá a la organización electoral ajustar la cifra para la asignación de curules.

Parágrafo 2. Si como resultado de la aplicación de la formula contenida en el presente artículo, una circunscripción nacional pierde una o más curules, mantendrá las mismas que le correspondieron a 20 de Julio de 2002.

Nota: El acto legislativo 3 de 2005 en relación con la conformación de la Cámara de Representantes por circunscripciones territoriales regirá a partir de las elecciones que se celebren en el año 2010; en lo demás, entro en vigencia a partir de las elecciones de 2006. <46>.

Art. 176. (Enmienda recomendada). La cámara de representantes estará integrada por 38 miembros. Los departamentos colombianos nombrarán un representante y el Distrito Capital de Bogotá, dos representantes. Habrá dos representantes adicionales elegidos en circunscripción nacional por comunidades indígenas y dos por las negritudes afrocolombianas.

Habrá un representante adicional por circunscripción nacional por cada 1000,000 de habitantes adicionales a 60,000.000, o fracción mayor de 500,000 que tengan en exceso de 1,000.000.

Un representante puede ser elegido por máximo de cuatro términos de cuatro años cada uno en el congreso. A partir del 2018 quien haya sido miembro del Congreso por cuatro o más períodos, no podrá de nuevo formar parte del Senado o de la Cámara de Representantes.

Parágrafo 1. A partir de 2018, la base para la asignación de las curules adicionales se ajustará en la misma proporción del crecimiento de la población nacional, de acuerdo con lo que determine el censo. Le corresponderá a la organización electoral ajustar la cifra para la asignación de curules.

Art. 177. (Versión actual). Para ser elegido representante se requiere ser ciudadano en ejercicio y tener más de veinticinco años de edad en la fecha de la elección. <46>.

Art. 177. (Enmienda recomendada). Para ser elegido representante se requiere ser ciudadano en ejercicio, tener un título universitario por una universidad colombiana o extranjera reconocida por el gobierno colombiano y tener más de treinta y cinco años en la fecha de la elección.

DE LOS CONGRESISTAS.

Art. 179. (Versión actual). No podrán ser congresistas:

1. Quienes hayan sido condenados en cualquier época por sentencia judicial, a pena privativa de la libertad, excepto por delitos políticos o culposos.
2. Quienes hubieren ejercido, como empleados públicos, jurisdicción o autoridad política, civil, administrativa o militar, dentro de los doce meses anteriores a la fecha de la elección.
3. Quienes hayan intervenido en gestión de negocios ante entidades públicas, o en la celebración de contratos con ellas en interés propio, o en el de terceros, o hayan sido representantes legales de entidades que administren tributos o contribuciones parafiscales, dentro de los seis meses anteriores a la fecha de la elección.
4. Quienes hayan perdido la investidura de congresista.
5. Quienes tengan vínculos por matrimonio, o unión permanente, o de parentesco en tercer grado de consanguinidad, primero de afinidad, o único civil, con funciones que ejerzan autoridad civil o política.
6. Quienes estén vinculados entre sí por matrimonio, o unión permanente, o parentesco dentro del tercer grado de consanguinidad, segundo de afinidad, o primero civil y se inscriban por el mismo partido, movimiento o grupo para elección de cargos, o de miembros de corporaciones públicas que deban realizarse en la misma fecha.

7. Quienes tengan doble nacionalidad, exceptuando los colombianos por nacimiento.

8. Nadie podrá ser elegido para más de una corporación o cargo público, ni para una corporación y un cargo si los respectivos periodos coinciden en el tiempo, así fuere parcialmente.

La renuncia un (1) año antes de la elección al cargo al que se aspire elimina la inhabilidad.

Nota; El act. Leg. 1 de 2009 estableció el siguiente régimen transitorio:

La inhabilidad establecida en el numeral anterior no aplicara para quienes hayan renunciado al menos seis (6) meses antes del último día de inscripciones para la realización de las elecciones al Congreso de la Republica en el año 2010.

Las inhabilidades previstas en los numerales 2, 3, 5 y 6 se refieren a situaciones que tengan lugar en la circunscripción en la cual deba efectuarse la respectiva elección. La ley reglamentara los demás casos de inhabilidades por parentesco, con las autoridades no contempladas en estas disposiciones.

Para los fines de este artículo se considera que la circunscripción nacional coincide con cada una de las territorialidades, excepto para la inhabilidad consignada en el numeral 5. <46>.

1. *(Enmienda recomendada). Quienes hayan sido condenados en cualquier época por sentencia judicial a pena privativa de la libertad, quienes estén siendo investigados penalmente por la justicia, quienes tengan familiares hasta en cuarto grado de consanguinidad directa, segundo de afinidad y primero civil con personas condenadas o siendo juzgadas por la Justicia, excepto por delitos culposos.*

Aplican numerales, 2, 3, 4, 5, 6, 7 y 8.

Art. 187. (Versión actual). La asignación de los miembros del congreso se reajustará cada año en proporción igual al promedio ponderado de los cambios ocurridos en la remuneración de los servidores de la administración central, según certificación que para el efecto expida el contralor general de la república. <46>

Art. 187. (Enmienda recomendada). La asignación de los miembros del congreso se reajustará cada año en la misma proporción que el salario mínimo de los colombianos.

Bajo ninguna circunstancia el salario básico de los congresistas pasará de 15 salarios mínimos, efectivo Agosto de 2018.

DEL PRESIDENTE DE LA REPUBLICA.

Art. 191. (Versión actual). Para ser presidente de la república se requiere ser colombiano por nacimiento, ciudadano en ejercicio, y mayor de treinta años. <45>

Art. 191 (Enmienda recomendada). Para ser presidente de la república se requiere ser colombiano por nacimiento, ciudadano en ejercicio, haber desempeñado una profesión por mínimo 15 años, ser mayor de cuarenta y cinco años y no haber sido candidato a la primera magistratura en más de una oportunidad.

DEL GOBIERNO.

Art. 201 (Versión actual). Corresponde al gobierno en relación con la rama judicial:

1. Prestar a los funcionarios judiciales, con arreglo a las leyes, los auxilios necesarios para hacer efectiva sus providencias.
2. Conceder indultos por delitos políticos, con arreglo a la ley e informar al congreso sobre el ejercicio de esta facultad. En ningún caso estos indultos podrán comprender la responsabilidad que tengan los favorecidos respecto de los particulares. <46>

Jurisprudencia: C-456 de 1997; C-695 de 2002.

Art. 201. (Enmienda recomendada). Corresponde al gobierno en relación con la rama judicial:

1. *Prestar a los funcionarios judiciales, con arreglo a las leyes, los auxilios necesarios para hacer efectiva sus providencias.*
2. *Conceder indultos por delitos, con arreglo a la ley e informar al congreso sobre el ejercicio de esta facultad. En ningún caso estos indultos podrán comprender delitos clasificados como de lesa humanidad ni la responsabilidad que tenga el favorecido respecto de los particulares.*

DE LA FUERZA PÚBLICA.

Art. 216. (Versión actual). La fuerza pública estará integrada en forma exclusiva por las fuerzas militares y la policía nacional.

Todos los colombianos están obligados a tomar las armas cuando las necesidades públicas lo exijan para defender la independencia nacional y las instituciones públicas.

La ley determinara las condiciones que en todo momento eximen del servicio militar y las prerrogativas por la prestación del mismo. <46>

Art. 216. (Enmienda recomendada). La fuerza pública estará integrada en forma exclusiva por las fuerzas militares y la policía nacional.

Todos los colombianos están obligados a tomar las armas cuando las necesidades públicas lo exijan para defender la independencia nacional y las instituciones públicas.

La ley determinara las condiciones que en todo momento eximen del servicio militar y las prerrogativas por la prestación del mismo.

Parágrafo. Para evitar el desplazamiento de colombianos hacia las ciudades, los trabajadores del campo, prestarán su servicio militar en su área de residencia. Las autoridades militares, decidirán cuando y como esta opción se pueda implementar y las condiciones para tal efecto.

Art. 222 (Versión actual). La ley determinara los sistemas de promoción profesional, cultural y social de los miembros de la fuerza pública. En las etapas de su formación, se le impartirá la enseñanza de los fundamentos de la democracia y de los derechos humanos. <45>.

Art. 222 (Enmienda recomendada). La ley determinará los sistemas de promoción profesional, cultural y social de los miembros de la fuerza pública. En las etapas de su formación, se le impartirá la enseñanza de los fundamentos de la democracia y de los derechos humanos.

No podrán pertenecer a la fuerza pública quienes hayan sido condenados por cualquier época por sentencia judicial a pena privativa de la libertad, quienes estén siendo investigados penalmente por la justicia, quienes tengan familiares hasta el cuarto grado de consanguinidad directa, segundo de afinidad y primero civil con personas condenadas o siendo juzgadas por la Justicia.

Art. 223. (Versión actual). Solo el gobierno puede introducir y fabricar armas, municiones de guerra y explosivos. Nadie podrá poseerlos ni portarlos sin permiso de autoridad competente. Este permiso no podrá extenderse a los casos de concurrencia a reuniones políticas, a elecciones, o a sesiones de corporaciones públicas o asambleas, ya sea para actuar en ellas o para presenciarlas.

Los miembros de los organismos nacionales de seguridad y otros cuerpos oficiales armados, de carácter permanente, creado o autorizado por la ley, podrán portar armas bajo el control del gobierno, de conformidad con los principios y procedimientos que aquella señale.<46>.

Art. 223. (Enmienda recomendada). Solo el gobierno puede introducir y fabricar armas, municiones de guerra y explosivos. Nadie podrá poseerlos ni portarlos sin permiso de autoridad competente.

Los miembros de los organismos nacionales de seguridad y otros cuerpos oficiales armados, de carácter permanente, creado o autorizado por la ley, podrán portar armas bajo el control del gobierno, de conformidad con los principios y procedimientos que aquella señale.

DE LA FISCALIA GENERAL DE LA NACION.

Art. 249. (Visión actual). La Fiscalía General de la Noción, estará integrada por el fiscal general, los fiscales delegados y los demás funcionarios que determine la ley.

El fiscal general de la nación será elegido por un periodo de cuatro (4) años por la Corte Suprema de Justicia, de terna enviada por el presidente de la república y no podrá ser reelegido. Debe reunir las mismas calidades exigidas para ser magistrado de la Corte Suprema de Justicia [232]. La Fiscalía General de la Nación forma parte de la rama judicial y tendrá autonomía administrativa y presupuestal [leyes 938 de 2004; 1024 de 2006; decr. 261 de 2000]. <46>.

Art. 249. (Enmienda recomendada). La Fiscalía General de la Noción, estará integrada por el fiscal general, los fiscales delegados y los demás funcionarios que determine la ley.

El fiscal general de la nación será elegido por un periodo de cuatro (4) años por la Corte Suprema de Justicia, de terna enviada por el presidente de la república y no podrá ser reelegido. La Corte Suprema de Justicia, dispondrá de sesenta días hábiles (60) para elegir el fiscal General de la Nación. La Fiscalía General de la Nación forma parte de la rama judicial y tendrá autonomía administrativa y presupuestal.

Parágrafo. Para ser Fiscal General de la Nación se requiere (Enmienda recomendada):

1. *Ser colombiano de nacimiento y ciudadano en ejercicio.*
2. *Ser mayor de cuarenta y cinco (45) años de edad.*
3. *Ser abogado.*
4. *No podrá ser Fiscal General de la Nación quien haya sido condenado por cualquier época por sentencia judicial a pena privativa de la libertad, quien esté siendo investigados penalmente por la justicia, quien tenga familiares hasta el cuarto grado de consanguinidad directa, segundo de afinidad y primero civil con personas, condenadas o siendo juzgadas por la Justicia. Igualmente familiares miembros del Congreso, la Corte Constitucional, Corte Suprema de Justicia, el Consejo de Estado y Consejo Superior de la Judicatura en el momento de la elección.*
4. *Haber desempeñado, durante quince años, cargos en la rama judicial, o en el ministerio público, o haber ejercido con buen crédito, por el mismo tiempo, la profesión de abogado, al menos tres años como abogado penalista, o la cátedra universitaria en disciplinas jurídicas en establecimientos reconocidos oficialmente.*

DEL CONSEJO SUPERIOR DE LA JUDICATURA.

Art. 256. (Versión actual). Corresponden al Consejo Superior de la Judicatura o a los consejos seccionales, según el caso y de acuerdo a la ley, las siguientes atribuciones:

1. Administrar la carrera judicial.
2. Elaborar la lista de candidatos para la designación de funcionarios judiciales y enviarla a la entidad que deba hacerla. Se exceptúa la jurisdicción penal militar que se regirá por normas especiales.
3. Examinar la conducta y sancionar las faltas de los funcionarios de la rama judicial, así como la de los abogados en el ejercicio de su profesión, en la instancia que señale la ley.
4. Llevar el control de rendimiento de las corporaciones y despachos judiciales.
5. Elaborar el proyecto de presupuesto de la rama judicial que deberá ser remitido al gobierno, y ejecutarlo de conformidad con la aprobación que haga el Congreso.
6. Dirimir los conflictos de competencia que ocurran entre las distintas jurisdicciones.
7. Las demás que señale la ley. <46>.

Art. 256. (Enmienda recomendada). Corresponden al Consejo Superior de la Judicatura o a los consejos seccionales, según el caso y de acuerdo a la ley, las siguientes atribuciones.

1. *Administrar la carrera judicial.*
2. *Teniendo en cuenta principalmente las calidades ciudadanas, profesionales y éticas, elaborar la lista de candidatos para la designación de funcionarios judiciales y enviarla a la entidad que deba hacerla. Se exceptúa la jurisdicción penal militar que se regirá por normas especiales.*
3. *Examinar la conducta y sancionar las faltas de los funcionarios de la rama judicial, así como la de los abogados en el ejercicio de su profesión, en la instancia que señale la ley.*
4. *Llevar el control de rendimiento de las corporaciones y despachos judiciales.*
5. *Elaborar el proyecto de presupuesto de la rama judicial que deberá ser remitido al gobierno, y ejecutarlo de conformidad con la aprobación que haga el Congreso.*
6. *Dirimir los conflictos de competencia que ocurran entre las distintas jurisdicciones.*
7. *Preparar reporte semestral para la Contraloría y Procuraduría General de la Nación, en el cual se muestre y analice la eficiencia del Consejo Superior de la Judicatura en la administración de justicia en todo el territorio nacional en los seis meses anteriores.*
8. *Las demás que señale la ley.*

DEL SUFRAGIO Y DE LAS ELECCIONES. Art. 258. (Versión actual). Modificado. Acto legislativo 1 de 2003, art. 11.

El voto es un derecho y un deber ciudadano. El estado velara porque se ejerza sin ningún tipo de coacción y en forma secreta por los ciudadanos en cubículos individuales instalados en cada mesa de votación sin perjuicio del uso de medios electrónicos o informáticos. En las elecciones de candidatos podrán emplearse tarjetas electorales numeradas e impresas en papel que ofrezca seguridad, las cuales serán distribuidas oficialmente. La organización electoral suministrara igualitariamente a los votantes instrumentos en los cuales deben aparecer identificados con claridad y en iguales condiciones los movimientos y partidos políticos con personería jurídica y los candidatos. La ley podrá implantar mecanismos de votación que otorguen más y mejores garantías para el libre ejercicio de este derecho de los ciudadanos.

Parágrafo 1. Modificado. Acto legislativo 1 de 2009 art. 9.

Deberá repetirse por una sola vez la votación para elegir miembros de una corporación pública, gobernador, alcalde o la primera vuelta en las elecciones presidenciales, cuando del total de votos válidos, los votos en blanco constituyen la mayoría. Tratándose de elecciones unipersonales, no podrán presentarse los mismos candidatos, mientras que en las de corporaciones públicas no se podrán presentar a las nuevas elecciones las listas que no hayan alcanzado el umbral.

Parágrafo 2. Se podrá implementar el voto electrónico para lograr agilidad y transparencia en todas las votaciones.<46>.

Art. 258. (Enmienda recomendada).

El voto es un derecho y un deber ciudadano, por ende es obligatorio. El estado velará porque se ejerza sin ningún tipo de coacción y en forma secreta por los ciudadanos en cubículos individuales instalados en cada mesa de votación sin perjuicio del uso de medios electrónicos o informáticos. En las elecciones de candidatos podrán emplearse tarjetas electorales numeradas e impresas en papel que ofrezca seguridad, las cuales serán distribuidas oficialmente. La organización electoral suministrara igualitariamente a los votantes instrumentos en los cuales deben aparecer identificados con claridad y en iguales condiciones los movimientos y partidos políticos con personería jurídica y los candidatos. La ley podrá implantar mecanismos de votación que otorguen más y mejores garantías para el libre ejercicio de este derecho de los ciudadanos.

Parágrafo 1. Deberá repetirse por una sola vez la votación para elegir miembros de una corporación pública, gobernador, alcalde o la primera vuelta en las elecciones presidenciales, cuando del total de votos válidos, los votos en blanco constituyen la mayoría. Tratándose de elecciones unipersonales, no podrán presentarse los mismos candidatos, mientras que en las de corporaciones públicas no se podrán presentar a las nuevas elecciones las listas que no hayan alcanzado el umbral.

Parágrafo 2. Se podrá implementar el voto electrónico para lograr agilidad y transparencia en todas las votaciones.

Parágrafo 3. El consejo electoral suministrara un paz y salvo a cada candidato de corporaciones públicas, confirmando que cumple con todos los requisitos para ser candidato a la respectiva corporación. Lista de potenciales candidatos debe ser investigada y entregada al consejo electoral por el procurador general de la nación después de analizar los antecedentes de cada individuo en cuanto a la parte legal, ética y profesional.

DE LAS AUTORIDADES ELECTORALES.

Art. 264. (Versión actual). Modificado, acto legislativo 1 de 2003, art. 14.

El consejo nacional electoral se compondrá de nueve (9) miembros elegidos por el congreso de la república en pleno, para un periodo institucional de cuatro (4) años, mediante el sistema de cifra repartidora, previa postulación de los partidos o movimientos políticos con personería jurídica o por coaliciones entre ellos. Sus miembros serán servidores públicos de dedicación exclusiva, tendrán las mismas calidades, inhabilidades, incompatibilidades y derechos de los magistrados de la Corte Suprema de Justicia y podrán ser reelegidos por una sola vez.

Parágrafo. La jurisdicción contencioso administrativo decidirá la acción de nulidad electoral en el término máximo de un (1) año.

En los casos de única instancia, según la ley, el término para decidir no podrá exceder de seis (6) meses. <46>.

Art. 264. (Enmienda recomendada). El consejo nacional electoral se compondrá de cinco (5) miembros elegidos por el congreso de la república en pleno, para un periodo institucional de cuatro (4) años, mediante el sistema de cifra repartidora, previa postulación de los partidos o movimientos políticos con personería jurídica o por coaliciones entre ellos. Sus miembros serán servidores públicos de dedicación exclusiva, tendrán las mismas calidades, inhabilidades, incompatibilidades y derechos de los magistrados de la Corte Suprema de Justicia y podrán ser reelegidos por una sola vez.

Parágrafo. La jurisdicción contencioso administrativo decidirá la acción de nulidad electoral en el término máximo de seis (6) meses.

En los casos de única instancia, según la ley, el término para decidir no podrá exceder de tres (3) meses.

DE LOS ORGANISMOS DE CONTROL.

De la Contraloría General de la República.

Art. 267. (Versión actual). El control fiscal es una función pública que ejercerá la Contraloría General de la Republica, la cual vigila la gestión fiscal de la administración y de los particulares o entidades que manejen fondos o bienes de la nación.

Dicho control se ejercerá en forma posterior y selectiva conforme a los procedimientos, sistemas y principios que establezca la ley. Esta podrá, sin embargo, autorizar que, en casos especiales, la vigilancia se realice por empresas privadas colombianas escogidas por concurso público de méritos, y contratadas previo concepto del consejo de Estado.

La vigilancia de la gestión fiscal del Estado incluye el ejercicio de un control financiero, de gestión y de resultados, fundado en la eficiencia, la economía, la equidad y la valoración de los costos ambientales. En los casos excepcionales, previstos por la ley, la Contraloría podrá ejercer control posterior sobre cuentas de cualquier entidad territorial.

La Contraloría es una entidad de carácter técnico con autonomía administrativa y presupuestal. No tendrá funciones administrativas distintas de las inherentes a su propia organización.

El contralor será elegido por el congreso en pleno en el primer mes de sus sesiones, para un periodo igual al del presidente de la república, de terna integrada por candidatos presentados a razón de uno por la Corte Constitucional, La Corte Suprema de Justicia y el Consejo de Estado [268 num.10], y no podrá ser reelegido por el periodo inmediato ni continuar en ejercicio de sus funciones al vencimiento del mismo. Quien haya ejercido en propiedad este cargo, no podrá desempeñar empleo público alguno del orden nacional, salvo la docencia, ni aspirar a cargos de elección popular sino un año después de haber cesado en sus funciones.

Solo el Congreso puede admitir las renuncias que presente el contralor y proveer las vacantes definitivas del cargo; las faltas temporales serán provistas por el Consejo de Estado.

Para ser elegido contralor general de la república se requiere ser colombiano de nacimiento [96 num. 1]y en ejercicio de la ciudadanía; tener más de treinta y cinco años de edad; tener título universitario; o haber sido profesor universitario por un periodo no inferior de cinco años, y acreditar las calidades adicionales que exija la ley.

No podrá ser elegido contralor general quien sea o haya sido miembro del Congreso u ocupado cargo público alguno del orden nacional, salvo la docencia, en el año inmediatamente anterior a la elección. Tampoco podrá ser elegido quien haya sido condenado a pena de prisión por delitos comunes.

En ningún caso podrán intervenir en la postulación o elección del contralor personas que se hallen dentro del cuarto grado de consanguinidad, segundo de afinidad y primero civil o legal respecto de los candidatos. <46>.

Jurisprudencia: T-344 de 1994.

Art. 267. (Enmienda recomendada). El control fiscal es una función pública que ejercerá la Contraloría General de la República, la cual vigila la gestión fiscal de la administración y de los particulares o entidades que manejen fondos o bienes de la nación.

Dicho control se ejercerá en forma posterior y selectiva conforme a los procedimientos, sistemas y principios que establezca la ley. Esta será realizada, por empresas privadas colombianas o extranjeras en casos especiales, escogidas por concurso público de méritos, y contratadas previo concepto del Consejo de Estado.

La vigilancia de la gestión fiscal del Estado incluye el ejercicio de un control financiero, de gestión y de resultados, fundado en la eficiencia, la economía, la equidad y la valoración de los costos ambientales. En los casos excepcionales, previstos por la ley, la Contraloría podrá ejercer control posterior sobre cuentas de cualquier entidad territorial.

La Contraloría es una entidad de carácter técnico con autonomía administrativa y presupuestal. No tendrá funciones administrativas distintas de las inherentes a su propia organización.

El contralor será elegido por el Congreso en pleno en el primer mes de sus sesiones para un periodo de cuatro años. Candidatos a esta posición serán elegidos de terna integrada por candidatos presentados a razón de uno por La Sociedad Colombiana de Abogados, la Sociedad Colombiana de Ingenieros, La Sociedad Colombiana de Contadores Públicos y La Asociación Colombiana de Universidades. No podrá ser reelegido por el período inmediato ni continuar en ejercicio de sus funciones al vencimiento del mismo. Quien haya ejercido en propiedad este cargo, no podrá desempeñar empleo público alguno del orden nacional, salvo la docencia, ni aspirar a cargos de elección popular sino dos años después de haber cesado en sus funciones.

Solo el Congreso puede admitir las renuncias que presente el contralor y proveer las vacantes definitivas del cargo de terna enviada a razón de uno por La Sociedad Colombiana de Abogados, La Sociedad Colombiana de Ingenieros, La Sociedad Colombiana de Contadores Públicos y La Asociación Colombiana de Universidades; las faltas temporales serán provistas por el Consejo de Estado.

Para ser elegido contralor general de la república se requiere ser colombiano de nacimiento y en ejercicio de la ciudadanía; tener más de cuarenta y cinco años de edad; tener título universitario; haber sido profesor universitario por un período no inferior de quince años, o haber ejercido su profesión por un periodo no inferior a quince años y acreditar las calidades adicionales que exija la ley.

No podrá ser elegido contralor general quien sea o haya sido miembro del Congreso, las Cortes, Ministerios, Fiscal o Procurador General de la República u ocupado cargo público alguno del orden nacional, salvo la docencia, en los cuatro años inmediatamente anteriores a la elección. Quienes hayan sido condenados por cualquier época por sentencia judicial a pena privativa de la libertad, quienes estén siendo investigados penalmente por la justicia, quienes tengan familiares hasta en cuarto grado de consanguinidad, segundo de afinidad y primero civil con personas condenadas o siendo juzgadas por la Justicia. Igualmente familiares miembros del Congreso, la Corte Constitucional, Corte Suprema de Justicia, el Consejo de Estado y Consejo Superior de la Judicatura en el momento de la elección.

En ningún caso podrán intervenir en la postulación o elección del contralor personas que se hallen dentro del cuarto grado de consanguinidad, segundo de afinidad y primero civil o legal respecto de los candidatos.

Art. 268. (Versión actual). El Contralor General de la República tendrá las siguientes atribuciones:

1. Prescribir los métodos y la forma de rendir cuentas los responsables del manejo de fondos o bienes de la nación e indicar los criterios de evaluación financiera, operativo y de resultados que deberán seguirse.

2. Revisar y fenecer las cuentas que deben llevar los responsables del erario y determinar el grado de eficiencia, eficacia y economía con que hayan obrado.

3. Llevar un registro de la deuda pública de la nación y de las entidades territoriales.

4. Exigir informes sobre su gestión fiscal a los empleados oficiales de cualquier orden y a toda persona o entidad pública o privada que administre fondos o bienes de la nación.

5. Establecer la responsabilidad que se derive de la gestión fiscal, imponer las sanciones pecuniarias que sean del caso, recaudar su monto y ejercer la jurisdicción coactiva sobre los alcances deducidos de la misma.

6. Conceptuar sobre la calidad y eficiencia del control fiscal de las entidades y organismos del Estado.

7. Presentar al Congreso de la Republica un informe anual sobre el estado de los recursos naturales y del ambiente.

8. Promover ante las autoridades competentes, aportando las pruebas respectivas, investigaciones penales o disciplinarias contra quienes hayan causado perjuicio a los intereses patrimoniales del Estado. La Contraloría bajo su responsabilidad, podrá exigir verdad sabida y buena fe guardada, la suspensión inmediata de funcionarios mientras culminan las investigaciones a los respectivos procesos penales o disciplinarios.

9. Presentar proyectos de ley relativos al régimen del control fiscal y a la organización y funcionamiento de la Contraloría General.

10. Promover mediante concurso público los empleos de su dependencia que haya creado la ley. Esta determinará un régimen especial de carrera administrativa para la selección, promoción y retiro de los funcionarios de la Contraloría. Se prohíbe a quienes formen parte de las corporaciones en la postulación y elección del Contralor, dar recomendaciones personales y políticas para empleos de su despacho.

11. Presentar informes al Congreso y al Presidente de la Republica sobre el cumplimiento de sus funciones y certificación sobre la situación de las finanzas del Estado de acuerdo con la ley.

12. Dictar normas generales para armonizar los sistemas de control fiscal de todas las entidades públicas del orden nacional y territorial.

13. Las demás que señale la ley.

Presentar a la Cámara de Representantes la cuenta general del presupuesto y del tesoro y certificar el balance de la hacienda presentado al Congreso por el Contador General.<46>.

Art. 268 (Versión recomendada):

10. 10. Promover mediante concurso público los empleos de su dependencia que haya creado la ley. Esta determinará un régimen especial de carrera administrativa para la selección, promoción y retiro de los funcionarios de la Contraloría. Se prohíbe a los magistrados de las Cortes, a los Ministros y a quienes formen parte de las corporaciones en la postulación y elección del Contralor, dar recomendaciones personales y políticas para empleos de su despacho. Tampoco podrán ser empleados de la Contraloría, personas quienes tengan un vínculo de consanguinidad directa hasta en cuarto grado, segundo de afinidad y primero civil con los magistrados de las Cortes, Ministros, Congresistas, Gobernadores, Concejales y Alcaldes.

Art. 269. (Versión actual). En las entidades públicas, las autoridades correspondientes están obligadas a diseñar y aplicar, según la naturaleza de sus funciones, métodos y procedimientos de control interno, de conformidad con lo que disponga la ley, la cual podrá establecer excepciones y autorizar la contratación de dichos servicios con empresas privadas colombianas. <45>.

Art. 269. (Versión recomendada). En las entidades públicas, las autoridades correspondientes están obligadas a diseñar y aplicar, según la naturaleza de sus funciones, métodos y procedimientos de control interno, de conformidad con lo que disponga la ley, la cual podrá establecer excepciones y autorizar la contratación de dichos servicios con empresas privadas colombianas o extranjeras en casos especiales.

Art. 272. (Versión actual). La vigilancia de la gestión fiscal, de los departamentos, distritos y municipios donde haya contralorías, corresponde a estas y se ejercerá en forma posterior y selectiva.

La de los municipios incumbe a las contralorías departamentales, salvo lo que la ley determine respecto de contralorías municipales.

Corresponde a las asambleas y a los concejos distritales y municipales organizar las respectivas contralorías como entidades técnicas dotadas de autonomía administrativa y presupuestal.

Igualmente les corresponde elegir contralor para periodo igual al del gobernador o alcalde, según el caso, de ternas integradas de dos candidatos presentados por el tribunal superior de distrito judicial y uno por el correspondiente tribunal de lo contencioso administrativo.

Ningún contralor podrá ser reelegido para el periodo inmediato.

Los contralores departamentales, distritales y municipales ejercerán, en el ámbito de su jurisdicción, las funciones atribuidas al contralor general de la república en el artículo 268 y podrán según lo autorice la ley, contratar con empresas privadas colombianas el ejercicio de la vigilancia fiscal.

Para ser elegido contralor departamental, distrital o municipal se requiere ser colombiano por nacimiento, ciudadano en ejercicio, tener más de veinticinco años, acreditar título universitario y las demás calidades que establezca la ley.

No podrá ser elegido quien sea o haya sido en el último año miembro de la asamblea, o concejo que deba hacer la elección, ni quien haya ocupado cargo público del orden departamental, distrital o municipal, salvo la docencia.

Quien haya ocupado en propiedad el cargo de contralor departamental, distrital o municipal, no podrá desempeñar empleo oficial alguno en el respectivo departamento, distrito o municipio, ni ser inscrito como candidato a cargos de elección popular sino un año después de haber cesado en sus funciones.

Jurisprudencia T-100 de 1993.<46>.

Art. 272. (Versión Recomendada). La vigilancia de la gestión fiscal, de los departamentos, distritos y municipios donde haya contralorías, corresponde a estas y se ejercerá en forma anterior, posterior y selectiva.

La de los municipios incumbe a las contralorías departamentales, salvo lo que la ley determine respecto de contralorías municipales.

Corresponde a las asambleas y a los concejos distritales y municipales organizar las respectivas contralorías como entidades técnicas dotadas de autonomía administrativa y presupuestal.

El Contralor Departamental será elegido por el Contralor General de la Republica por un periodo de cuatro años. Candidatos a esta posición serán elegidos de terna integrada por candidatos presentados a razón de uno por La Sociedad Departamental de Abogados, la Sociedad Departamental de Ingenieros, La Sociedad Departamental de Contadores Públicos y La Asociación Departamental de Universidades. No podrá ser reelegido por el período inmediato ni continuar en ejercicio de sus funciones al vencimiento del mismo. Quien haya ejercido en propiedad este cargo, no podrá desempeñar empleo público alguno del orden nacional, salvo la docencia, ni aspirar a cargos de elección popular sino un año después de haber cesado en sus funciones.

Solo la asamblea puede admitir las renuncias que presente el contralor y proveer las vacantes definitivas del cargo de terna enviada a razón de uno por La Sociedad Departamental de Abogados, La Sociedad Departamental de Ingenieros, La Sociedad Departamental de Contadores Públicos y La Asociación Departamental de Universidades; las faltas temporales serán provistas por el Tribunal Superior de Distrito Judicial.

Los contralores departamentales, distritales y municipales ejercerán, en el ámbito de su jurisdicción, las funciones atribuidas al contralor general de la república en el artículo 268 y contrataran por concurso público con empresas privadas colombianas el ejercicio de la vigilancia fiscal, previo concepto del Consejo de Estado.

Para ser elegido contralor departamental, distrital o municipal se requiere ser colombiano por nacimiento, ciudadano en ejercicio, tener más de cuarenta años, acreditar título universitario y las demás calidades que establezca la ley.

No podrá ser elegido quien sea o haya sido en el último año miembro de la asamblea, o concejo, ni quien haya ocupado cargo público del orden departamental, distrital o municipal, salvo la docencia.

Quien haya ocupado en propiedad el cargo de contralor departamental, distrital o municipal, no podrá desempeñar empleo oficial alguno en el respectivo departamento, distrito o municipio, ni ser inscrito como candidato a cargos de elección popular sino un año después de haber cesado en sus funciones.

DECIMA PRIMERA PARTE

CONSULTAS

El artículo 103 de la Constitución dice "Son mecanismos de participación del pueblo en ejercicio de su soberanía: el voto, el plebiscito el referendo, la consulta popular, el cabildo abierto, la iniciativa legislativa y la revocatoria del mandato".

El Art. 104. El presidente de la república con la firma de todos los ministros y previo concepto favorable del Senado de la República, podrá consultar al pueblo decisiones de trascendencia nacional. La decisión del pueblo será obligatoria. La consulta no podrá realizarse en concurrencia con otra elección.

Es muy probable que las preguntas que a continuación se recomiendan para un referendo que se podría hacer en conjunto con el que se está organizando para el proceso de Paz. De esta manera, no se incurre en gastos extras. En caso que el Senado no produzca un concepto favorable del cuestionario, se estaría en la necesidad de buscar otro camino para que la ciudadanía de todas formas conteste el cuestionario en un ámbito legal.

EL REFERENDO

Las siguientes preguntas se deben presentar en el referendo.

1) ¿Está de acuerdo que el Congreso (Senado y Cámara de Representantes) en la actualidad está sobredimensionado y cuyos miembros totales son 266 personas (100 Senadores y 166 representantes) y por razones de eficiencia y económicas (consumen una parte importante del presupuesto nacional) se debe reducir substancialmente?
Si_____; No_____

2) ¿Está de acuerdo que a partir del año 2018 el número de Senadores sea de 38, de los cuales, uno debe ser elegido por cada departamento para un total de 32, dos por negritudes, 2 por indígenas y 2 por Bogotá? Los senadores de los grupos minoritarios (negritudes e indígenas) se elegirán por circunscripción nacional.
Si_____. No_____

3) ¿Está de acuerdo que para la Cámara de Representantes un representante debe ser elegido por cada departamento para un total de 38, incluyendo dos por Bogotá, dos por indígenas y dos por negritudes? Estos miembros del Congreso deben ser elegidos por voto popular directo con el sistema de mayoría relativa.
Si_____; No_____

4) ¿Está de acuerdo que para dar oportunidad a otros colombianos, para mejorar la eficacia y darle cabida a nuevas ideas de la juventud, a partir del año 2018 el tiempo de servicio de Senadores y Representantes sea máximo de cuatro periodos de 4 (cuatro) años cada uno como representantes en el Congreso y quienes hayan servido cuatro o más períodos continuos o intermitentes, en el Senado o en la Cámara en esa fecha, no podrán participar en las elecciones de 2018 para el Congreso?.
Si_____; No_____

5) ¿Está de acuerdo que para evitar el nepotismo en el congreso y para ser equitativos con quienes participan en las elecciones para congreso, ningún familiar hasta en cuarto grado de consanguinidad, segundo de afinidad y primero civil de congresistas que hayan cumplido los cuatro periodos reglamentarios pueda ser candidato para el congreso en la legislatura inmediata siguiente a la terminación de su período?
Si_____; No_____

6) ¿Está de acuerdo que a partir del año 2018 el periodo presidencial sea extendido de 4 a 6 años, sin reelección inmediata o posterior?
Si_____; No_____.

7) ¿Está de acuerdo que a partir del año 2018, para hacer más dinámicos y eficaces al igual para reducir costos (los concejos están sobredimensionados) los concejos de todas las capitales de los departamentos sean reducidos en 50% teniendo como base los miembros de esas corporaciones en las elecciones inmediatamente anteriores a esa fecha? Lo mismo se aplicaría para las asambleas departamentales.
Si_____; No _____

8) ¿Está de acuerdo que los congresistas paguen impuestos de acuerdo al sistema especificado para personas naturales por la DIAN, como cualquier ciudadano colombiano?
 Si_____; No _____

9) ¿Está de acuerdo que a partir del año 2018 se deben acabar todos los regímenes especiales para el programa de la pensión existentes para servidores públicos, incluyendo los elegidos por voto popular, excepto para aquellas personas cuyas condiciones de trabajo le traigan problemas de salud después de un cierto período de tiempo prudencial (ejemplo, mineros trabajando en socavones, etc.)?
Si_____; No _____

10) ¿Está de acuerdo que a partir del año 2018 las vacaciones anuales para todos los empleados públicos, incluyendo las cortes, el congreso y demás servidores públicos se rijan por el mismo sistema, evitando regímenes especiales que contravengan este programa?
Si_____; No _____

11) ¿Está de acuerdo que por razones de equidad con todos los ciudadanos colombianos, a partir del año 2018, ninguna persona del servicio público, incluyendo el Congreso, las Cortes, etc. (excepto el expresidente de la República), tenga una pensión superior a (15) quince salarios mínimos?
Si_____; No_____

12) ¿Está de acuerdo que por razones de equidad a partir del 2018, los aumentos anuales de los salarios para empleados públicos, incluyendo las Cortes, el Congreso y los pensionados suben el mismo porcentaje que el salario mínimo?

Si_____; No_____

13) ¿Está de acuerdo que al peso colombiano le quiten tres ceros para que los ciudadanos tengan más noción de las cantidades en las cuales transan sus bienes?

Si_____; No _____

14) ¿Está de acuerdo que los colombianos en su totalidad deben responsabilizarse por el futuro del país, decidir con su voto que administración quieren y como la quieren y para que su decisión sea tenida en cuenta, el voto debe ser libre, secreto, pero obligatorio?

Si_____ No_____

15) ¿Está de acuerdo que el gobierno debe mejorar substancialmente el sistema de salud y su cubrimiento dedicando mayores recursos y esfuerzos de los que actualmente se están realizando?

Si_____ No_____

16) ¿Está de acuerdo que para que el país salga del atraso en que se encuentra, el gobierno debe colocar como primer renglón de importancia sobre cualquier otro programa, el desarrollo, cubrimiento y calidad de toda la educación en el país, desde primaria hasta la educación superior?

Si_____ No_____

BIBLIOGRAFIA

1- Aguilera Peña Mario. Gran Enciclopedia de Colombia. Círculo de Lectores. Biblioteca El Tiempo.
2- Archivo General de Indias. Biblioteca Luis Ángel Arango. Guatemala 844.
3- Bandura Albert. Agression. A social Learning Analysis. Englewood Cliffs. N.J. Prentice Hall. 1973.
4- Cardona Castro Luis Francisco. Simón Bolívar. Archivo Editorial. 1991 Editores. Barcelona.
5- Clay Lindgres Henry. An Introduction to Social Psychology. Wiley International. Second Edition. 1973
6- DANE. Censo 2005. Cuadros Generales.
7- DANE 2006. Colombia una Nación Multicultural. Incoder Resguardos Indígenas Legalmente Constituidos 2010 y Dane Proyección de Población Indígena.
8- Diaz Granados Consuelo & Salgado de López Mariela. Conozcamos Nuestra Historia. Pime Editores. 1984.
9- Ellis J. Joseph. American Creation. Barzoik Book. First Edition. 2007.
10- Enciclopedia Ilustrada Cumbre. Cristóbal Colón- T-4.1998.Hachette Latinoamericano SA.
11- Enciclopedia Salvat. Tomo 3. Salvat Editores. 1971.
12- Escallón Largacha Eduardo. Gran Enciclopedia de Colombia. Círculo de Lectores. Biblioteca El Tiempo.
13- El Espectador.com. Redacción Política. Salario de Congresistas. Octubre 13, 2013.El Espectador.com. Redacción Política. Diciembre 2013.
14- El Espectador.com. Consejo Superior de la Judicatura. Descongestión de juzgados. Julio 24, 2013.
15- El Espectador.com. Carrusel de Pensiones. Agosto 27, 2013.
16- El tiempo Bogotá. Debes Saber. Agosto 31, 2013. P-2
17- El Tiempo Bogotá. Editorial. Feria de Pensiones Abril 26, 2010.
18- El Tiempo Bogotá. Redacción Vida de Hoy. Min educación reporta fallas. Julio 11, 2013.
19- El Tiempo. Editorial. A responder. Marzo 10, 2010.
20- El Tiempo. Decretos sobre San Andrés. Septiembre 15, 2013. Pp 2 & 4.

21- Gómez Ochoa Luz Gloria. El Nuevo Congreso Debe Recobrar Legitimidad. Medellín Marzo 2010.

22- Gran Enciclopedia Larousse. Editorial Planeta. 1973.

23- Hall Richard. The world of the Vikings. Thames & Hudson. 2007

24- Hugh Thomas. Rivers of Gold. The Rise of the Spanish Empire. from Columbus to Magellan. Random House. New York.

25- Jaramillo Uribe Jaime. Etapas y Sentido de la Historia de Colombia. Colombia Hoy. Siglo veintiuno Editore. 8 Edición. 1982

26- Konig Hans Joachim. En el Camino Hacia La Nación. Banco de la República. Santafé de Bogotá. 1994.

27- Magill N. Frank. Psychology Basics. Volume 1. Salem Press Inc. Pasadena, California. Englewood Cliffs. New Jersey.

28- Melo Jorge Orlando, Colombia Hoy. La República Conservadora.

29- Miller John C. Origins of the American Revolution. Stanford University Press-1959

30- Mora B. Carlos A. & Peña B. Margarita. Historia Socioeconómica de Colombia. Editorialo Norma Educativa.. Edición Actualizada. 1997.

31- Molano Santos Enrique. La Guerra de los Mil Días. Colección el siglo XX colombiano. Credencial Historia. Edición 173, 2004. Biblioteca Virtual Luis Ángel Arango.

32- Ocampo López Javier. Historia Básica de Colombia. Editores Colombia S.A. Edición 2010.

33- Orozco Tascón Cecilia. Hay que actuar ya porque la crisis no da espera. El Espectador.com. Noviembre 3, 2013.

34- Ortiz Sarmiento Carlos Miguel. Estado y Subversión en Colombia. Fondo Editorial CEREC.

35- Pedraza Omar Colombia. El Medio y La Historia. Biblioteca Iberoamericana.1988.

36- Pijoan José. Historia del Mundo. Salvat Editores. 1950.

37- Pizarro León Gómez. . La Autodefensa una Tradición. Las FARCS. Tercer Mundo Editores. 2da Edición. 1992.

38- Planas Pedro. Regímenes Políticos Contemporáneos. Fondo de Cultura Económica. México. D.F 1997.

39- Revista Semana Bogotá. Edición 1631.

40- Ricord Humberto E. Panamá En La Guerra de los Mil Días. Panamá 1989.

41- Rojas T. Juan Fdo. Encuesta de la Compañía KPMG sobre fraude en Colombia. La corrupción no solo es estatal. El Colombiano. Septiembre 25, 2013.

42- Páez Torres Marga. Unimedios. Edición UN. Periódico Impreso 132. Abril 11, 2010. PP:20-21

43- Rueda María Isabel. Entrevista con el abogado Juan Daniel Jaramillo Ortiz. El Tiempo. Agosto 27, 2013. PP: 1 & 17.

44- Señudo Rafael José. Estudios sobre la Vida de Bolívar. Editorial Planeta. Bogotá 1995.

45- Silva Martínez Marcos. El Tiempo.com. La vena rota. Septiembre 25, 2013.

46- Silva Mariño Pablo Tomás. Constitución Política de Colombia. Editorial Temis. Bogotá-2010.

47- Tauver Michael H & Frederick Julia C. The history of Venezuela. Greenwood Press- London 2005.

48- Valencia León. A Santos le conviene que gane Noemí. El Tiempo. Marzo 13, 2010.

BIOGRAFÍA

Pericles Pérez. Es un profesional colombiano con posgrados en Gerencia de Proyectos, Finanzas y Negocios Internacionales obtenidos en prestigiosas Universidades de Colombia. Su carrera profesional lo ha llevado a diferentes partes del mundo, donde ha tenido la oportunidad de observar de cerca y analizar diferentes culturas tanto en países desarrollados y en proceso de desarrollo, así como sus diferentes sistemas de gobierno. En la actualidad reside en el Estado de Illinois, USA, junto a su familia.